ROBERT MISIK

DIE NEUE (AB)NORMALITÄT

*Die Arbeit an diesem Essay wurde durch ein
Arbeitsstipendium aufgrund von Covid-19
der Stadt Wien unterstützt.*

Informationen über das aktuelle Programm
des Picus Verlags und Veranstaltungen unter
www.picus.at

ROBERT MISIK

DIE NEUE (AB)NORMALITÄT

UNSER VERRÜCKTES LEBEN IN DER PANDEMISCHEN GESELLSCHAFT

PICUS VERLAG WIEN

INHALT

ABSCHNITT 1
DAS JAHR DER ANSTECKUNG

In Charles Baudelaires »Les Fleurs du mal« gibt es das Gedicht »À une passante« (»Auf eine Vorübergehende«). Tobender Straßenlärm, städtische Menge. Die Erzählerposition hat ein Mann der Menge inne, die Ich-Figur, an ihm geht eine Passantin vorbei, Blicke, die einander treffen, kurz, wie ein Blitz. »Werd ich in Ewigkeit dich erst wiedersehen? / (…) Ich weiß nicht, wohin du gehst, du nicht, wohin ich / Dich hätte ich geliebt und du hast es gewusst.« Für Walter Benjamin war Baudelaire der erste große Dichter des großstädtischen Lebens, einer neuartigen Existenzform, die sich durch Eigenarten auszeichnet wie: Lautstärke, Lebendigkeit, ein Feuerwerk der Eindrücke und flüchtiger Wahrnehmungen, Blicke, Sehen, Gesehenwerden, anonyme Begegnungen, Überreizung der Sinne.

Für einen Augenblick erregt die Vorübergehende die Aufmerksamkeit, doch man weiß, man wird einander nicht wiedersehen. Wir kennen das. Womöglich spielen wir in Gedanken die Möglichkeiten durch. Womöglich hätte sie die Liebe erwidert. Modernes Leben, das sind Begegnungen, Kennenlernen und vergebene Möglichkeiten, Fantastereien über andere. Ein paar Sätze, die man mit Unbekannten wechselt. Die Leute, die man vom Sehen, jene, die man vom Wegsehen kennt. Zugleich alleine und doch in Gesellschaft sein. Geräusche, Maschinengetöse manchmal, das Gerumple der Tramways, Gehupe der Autos, schnurrende Motoren, das Quietschen, wenn einer zu schnell um die Ecke fährt, der Geruch aus der Bäckerei, Gewurl der Leiber, die Menschentrauben vor den Lokalen, die Raucher in den Hauseingängen. Hunderttausende, die zu Freunden werden könnten, aber Unbekannte bleiben, weil wir an ihnen vorübereilen. So lebten wir.

Im Jahr der Ansteckung war dieses städtische Leben zeitweise völlig stillgelegt und auch ansonsten schmerzhaft ausgedünnt. Als hätte jemand die Pausetaste gedrückt.

ANSTECKUNG

Es begann mit Meldungen von weit her, steigerte sich zu einem unbekannten Bedrohungsgefühl, und dann der harte Lockdown. Isoliert, daheim, eingesperrt. Die einen in plötzlicher Einsamkeit, die anderen in Angst um den Arbeitsplatz, wieder andere überfordert in Distance Learning und überfordert davon, alles unter einen Hut zu bringen. Andere wiederum wunderten sich, dass die Entschleunigung sich wie Urlaub anfühlte. Aber das war damals noch krass neu und irgendwie auch spannend und außerdem war Frühling. Dann lange Phasen von Lockerungen und scheinbarer Semi-Normalität, ohne dass das Abnormale ganz weggegangen wäre. Immer mehr Unklarheit, was jetzt eigentlich noch »normal« heißen soll. Ein Auf und Ab: Gesellschaft, die sich ihres neuen Solidaritätsgefühls versichert und sich tapfer »Wir schaffen das« sagt, dann wieder Gesellschaft, die es zerreißt, in Disziplinierte und Covidioten, in Blockwarte und Lässige, in alle, die irgendwie sympathisch blieben und in die verschiedenen Formen des Unsympathischen, in die aneinander Interessierten und die Egoisten. Und dann wieder harter Lockdown, da war nichts mehr krass neu und wenig spannend, sondern nur mehr genug – dieses »Es ist dann jetzt genug«-Gefühl –, und kalt war es sowieso und man hockte daheim auf dem Sofa und dachte sich, vielleicht hätte ich im Sommer doch ein paar mehr Leute treffen sollen. Vielleicht doch einmal Party, vielleicht doch einmal Ausgelassenheit. Und dann die Hoffnung, dass das zwar noch nicht bald vorüber ist, aber ein Ablaufdatum hat. Aber ja, jetzt wird geimpft, bald wird geimpft, das Spritzerl hängt am Weihnachtsbaum, danach fängt es mit den Vulnerablen an und dem Krankenhauspersonal, dann Schritt für Schritt der Rest, im Sommer oder spätestens nächsten Winter haben wir es dann überstanden, wer weiß. Dann wird endlich getanzt und gefeiert und nachgeholt, was versäumt wurde, als gäbe es kein Morgen! Immerhin, Hoffnung. Bis dahin: warten. Zeit absitzen, wie die Sträflinge. Wir haben gelernt, unsere Zeit abzusitzen in diesem Jahr. Dem Jahr in der neuen Ab-Normalität, unserem verrückten Leben in der pandemischen Gesellschaft.

Gehen die Inzidenzen nach unten, Inzidenzen, auch so ein Wort, das wir gelernt haben in diesem Jahr, gehen sie also nach unten, die Inzidenzen, dann können wir vielleicht die Abnormität vergessen für einige Augenblicke, Tage, Wochen, gehen sie nach oben, werden unsere Viertel, Städte, Bezirke, Kleinstädte zu roten Zonen und Seuchengebieten, dann ist das Risiko unsichtbar, aber jeder und jede ein potenzielle Gefahr. Der andere, die andere, sie sind plötzlich mit einem Verdacht umgeben. Schließlich könnte doch jeder eine tödliche Gefahr sein. Hustet einer hinter uns in der Trafik, dann sehen wir uns schon mit Beatmungsschlauch im Intensivbett liegen. »Das weckt Ansteckungs- und Berührungsängste, die unmittelbar auf soziale Beziehungen zurückwirken«, sagt die Kulturhistorikerin Ute Frevert, eine Expertin für das Emotionale und die Gefühle im Sozialen. »Wir werden misstrauischer, gehen nicht nur äußerlich, sondern auch innerlich auf Abstand (…) Der Fremde ist der Gefährder.« Gefragt, ob das nur kühle Beobachtung oder auch Selbstbeobachtung sei: »Aber ja, das Misstrauen gegenüber Menschen, die ich nicht kenne, ist momentan größer.«

Nichts bringt die Verrücktheit dieser Zeit mehr auf den Punkt als der Begriff der »Risikobegegnung«. Die Begegnung, also die soziale Interaktion schlechthin, das Soziale selbst wird mit dem Begriff des Risikos verbunden, um nicht zu sagen: infiziert.

Ansteckung – Englisch: »con-tagion« – und Berührung – »to touch« – haben in vielen Sprachen den gleichen Wortstamm.

Wir erleben einen Kontrollverlust, und das ist für die meisten von uns völlig ungewohnt. Wenn wir das Haus verlassen, spüren wir, dass wir keine Kontrolle über die Gefahr haben, der wir uns aussetzen. Wir bewegen uns vorsichtig, vorausschauend. Fast wie Diebe schleichen wir herum. Stets rechnen wir mit der Gefahr, die die unangenehme Eigenschaft hat, völlig unsichtbar zu sein. Wir haben keine Kontrolle über unsere Gesundheitsrisiken, wir haben noch weniger Kontrolle über unsere künftigen Einkommen. Wir haben noch nicht einmal eine Kontrolle darüber, ob wir künftig unseren Beruf ausüben dürfen. Wir haben eigentlich keine wirkliche Kontrolle darüber, ob und wann und zu welchem Zwecke wir das Haus überhaupt verlassen dürfen. Im Hausarrest individualisiert, haben wir zugleich jede Autonomie eingebüßt.

Wenn alle miteinander verbunden sind, ist die Autonomie eine Chimäre, das spüren wir plötzlich noch mehr als sonst. In komplexen Gesellschaften sind wir immer alle verbunden, aber noch mehr spüren wir diese Verbindung, wenn es Ansteckungsketten sind, die uns aneinanderbinden. In Zeiten der Ansteckung werden wir noch mehr zu einem Organismus, als wir das ohnehin immer sind. Wir halten uns voneinander fern und versuchen doch solidarisch zu sein. Irgendwie: zusammenhalten, indem wir einander aus dem Weg gehen. »Social Distancing«, dieses eigentümliche Wort der Stunde, ein Oxymoron eigentlich, ist auf dumme Weise falsch. Wir halten »physische Distanz« und versuchen, so gut das geht, sozial zu kuscheln. »Es ist ein seltsames Gefühl des Kontrollverlustes, das ich nicht gewohnt bin, aber ich wehre mich auch nicht dagegen«, schreibt der italienische Autor Paolo Giordano.

Ein spannendes Gesellschaftsexperiment, das nur den Nachteil hat, dass wir in diesem Versuch die Beobachter und zugleich die Laborratten sind.

WIRKLICH UNWIRKLICH

»Dieses kleine Zurückzucken vor jedem anderen: Man kann ja nicht wissen. (…) Minutenlang kein Motorengeräusch, keine Schritte, keine Stimmen (…) Unsere traurige, zähe, normalisierte Katastrophe widerspricht dem vertrauten Bild vom Apokalyptischen. Es ist nicht die Pest und nicht Ebola; es liegen nicht die Toten auf der Straße«, so der Schriftsteller Thomas Stangl über die Wirklichkeit und Unwirklichkeit dieses Desasters, das ohne klaren Beginn und ohne bisher erkennbares Ablaufdatum ist und sich schleichend wie Normalität anfühlt. »Die Gegenwart ist immer der Normalzustand; Vergleiche mit dem Davor werden von einem bestimmten Zeitpunkt an müßig und lächerlich.« Wie wir heute leben, das ist abnormal, aber für's Erste einmal normal.

MASKIERT

Die anderen sind nicht nur mit einem Verdacht umgeben, sondern seltsam anonyme Gestalten, in der U-Bahn, im Supermarkt, im Zug, wo immer man Leuten begegnet, man begegnet keinen Gesichtern, sondern allenfalls noch Augen. Die Fremden sind fremder, wenn sie Mund-Nasen-Schutz tragen. Neutrums, die wir gar nicht mehr wahrnehmen, oder sie sind eine Art Fragezeichen, bei denen wir uns auf Basis weniger Merkmale und Gesichtsausschnitte eine Geschichte dazu denken müssen. Masken entziehen den Blicken die wichtigste Kontaktfläche: das Gesicht des Gegenübers.

Manchmal ertappe ich mich dabei, wie ich Menschen anstarre.

Es ist auch eine der Eigenarten dieser Zeit, dass das Tragen der Maske zu einem Politikum geworden ist. Wer die Krankheit ernst nimmt, trägt Maske. Wer sie für »ein kleines Gripperl« hält, trägt keine. An manchen Orten der Welt ist die Maske schon beinahe so etwas wie ein Parteiabzeichen. In New York trägt praktisch jeder Maske, denn wer sie nicht trägt, der hätte sich, jedenfalls bis zum Präsidentenwechsel, als Anhänger von Donald Trump zu erkennen gegeben. Die Maske, so tönten die, die Corona für eine Verschwörung hielten, würde uns unserer Individualität berauben, nicht nur unterwerfe sich aus ihrer Sicht der Maskenträger den Befehlen der Obrigkeit, er lösche auch sein Gesicht aus. Er uniformiere sich gleichsam als einer, der sich der herrschenden Macht unterworfen habe. Es ist keine unwitzige Pointe dieser Geschichte, dass im Lateinischen persona zugleich Maske bedeutete. Auch die antiken Griechen hatten dasselbe Wort für Maske und für Gesicht (prósôpon). Im griechischen Theater war die Maske das Merkmal des dargestellten Charakters, und wenn wir genauer darüber nachdenken, beschleicht uns der Gedanke, dass das mehr sein könnte als eine amüsante linguistische Pointe für Altertumswissenschaftler. Wir alle spielen auch heute Rollen in der Öffentlichkeit, und sei es nur in der alltäglichen Öffentlichkeit unserer engeren Kreise, und diese Rollen sind maskierten Charakteren nicht unähnlich. Persona ist eben gerade, auch heute, nie die unverstellte Individualität, sondern die Rolle, die oberflächlich gegenüber der Außenwelt eingenommen wird. Die dargestellte Individualität ist insofern gerade eine Maske. Viele von uns tragen Masken, damit sie unbehelligt durchs Leben kommen, damit man sie mag, akzeptiert und liebt. Womöglich kommt der Hass auf die Maske gerade daher, dass wir schon länger alle eine Entfremdung verspüren, eine Entfremdung von unserem Ich durch die metaphorischen Masken, die wir in der normalen Normalität tragen. In der neuen Normalität oder der neuen Abnormalität verunmöglichen die FFP1, FFP2 oder andere Masken gerade dieses Rollenspiel, das wir uns angewöhnt haben. Die Rolle, die wir einnehmen, verlangt nach Blicken, Gesten, die Zitate sind, Mimik, die von anderen deutbar ist, nach Interaktionen, kurzum: nach den Künstlichkeiten, die zu unserer zweiten Natur geworden sind. In unserem alltäglichen Rollenspiel sind wir plötzlich behindert. Wir wollen individuell und eigen sein, dafür haben wir uns unsere angewachsenen Masken zurechtgelegt, aber hinter der medizinischen Maske sind wir alle irgendwie gleich.

Die anderen sind mit einem Verdacht umgeben und wir nähern uns ihnen nur mit Vorsicht, das aber nicht nur aus medizinischen Gründen. Nach den ersten Monaten der Pandemie, als der erste Schreck überwunden und die erste Welle überstanden war, schieden sich die Geister. Die einen hatten genug von alldem und waren versucht, sich durch Verleugnung aggressiv das Thema vom Leib zu halten, andere hatten Angst zu sterben. Und das waren nur die beiden Pole, dazwischen gab es alle Graustufen, die dennoch ausreichten, Freundeskreise zu zerreißen. Man führte plötzlich Gespräche im Vermeidungs- modus und Vorsichts-Alert. Wenn jemand die

Corona-Regeln ansprach, stand er im Verdacht, einer dieser durchgeknallten Verschwörungslügner zu sein, und man beobachtete sich dabei, dass man extra behutsam sprach, um die Sache – etwaig – nicht eskalieren zu lassen. Ich stellte an mir fest, dass ich, bevor ich ein Gespräch über Meinungen zum Thema begann, abtastete, was das Gegenüber denn meinen könnte, um gegebenenfalls rechtzeitig das Thema zu wechseln. Dass jeder abdriften kann, ist die ernüchternde Erfahrung dieser Monate. Der Verdacht gegenüber dem anderen ist eine Erscheinungsform der sozialen Distanzierung, des Zerreißen der Kette des Seins während der Pandemie.

WIR MUSSTEN ALLE IN QUARANTÄNE

A. war positiv, wir mussten alle in Quarantäne, man gewöhnt sich an alles und jünger werden wir auch nicht. Heinz A., Pensionist.

Die Versorgung funktioniert, ich geh jeden Tag eine Stunde spazieren, sonst hat sich für uns Pensionisten nicht viel verändert, außer dass wir mehr zu Hause sind, und wir suchen das Positive da-

ran, etwa, dass die Entschleunigung schon lange nötig war. Ich bin auch zuversichtlich, dass nach der Krise eine schöne Zeit kommen wird, weil die Menschen mehr auf das Wesentliche achten werden. Erich S., Pensionist

Wir können unsere Enkelkinder nur über Video sehen, nicht mit ihnen spielen und sie in die Arme nehmen. Sonst besuchten sie uns jede Woche. Uns geht es sonst gut, ich helfe dem Sohn beim Terrasseanlegen. Das Gasthaus hat geschlossen und im Feuerwehrhaus dürfen wir die Freunde auch nicht treffen. Aber wir werden es überstehen und sind froh, gesund zu sein. Karl K., Tischler.

STILLE

Wenn die Normalität dem Abnormalen weicht, wird auch sichtbar, was sonst nicht auffällt und wir sehen unsere Welt mit anderen Augen. Was wir in diesem Jahr erlebt haben, wird uns für immer begleiten. Mindestens als Erfahrung. Es ist im Wortsinn »Ereignis«, also etwas, das unsere Erfahrungswelt in ein Davor und ein Danach trennt.

Der 2. November 2020 war ein ausnehmend warmer Herbsttag. Es hatte knapp zwanzig Grad.

Tausende strömten noch einmal in die Gastgärten in der Wiener Innenstadt. Ich spazierte durch die Altstadt, grüßte einige bekannte Gesichter, sogar Richard Lugner lief mir über den Weg, der Clown und Baumeister. Dann setzte ich mich zu Freunden, die vor einer Bar an Klappstühlen feierten, und trank zwei Glas Rotwein. Es waren die letzten Stunden vor dem neuerlichen Lockdown, ein letztes Mal konnte man mit Leuten sprechen, denen man zufällig begegnete, oder sich mit Freunden in einem Lokal verabreden. Es hatte etwas Ausgelassenes. Ja, auch etwas Verrücktes. »Es ist wie eine Art ›Letzter Walzer‹, bevor das Schiff untergeht«, schrieb ich einer Freundin per SMS. Aus Gründen, die ich selbst nicht recht verstehe, beschloss ich knapp vor acht Uhr, nach Hause zu fahren. Nur wenige Minuten nachdem ich von meinem Stuhl aufgestanden war, startete fünfzig Meter weiter ein Dschihadist mit Kalaschnikow-Nachbau und Handfeuerwaffe seinen Terroranschlag, tötete Feiernde vor Lokalen, erschoss eine junge Kellnerin. Die Stadt war in Panik, der letzte Tanz wurde zum Albtraum, die Feiernden verbrachten den Abend zusammengekauert in Kellern und Hinterhöfen, bis die Polizei Entwarnung geben konnte. Als ich am darauffolgenden Abend durch die Stadt spazierte, hatte sie den Anschein eines Katastrophengebiets seltsamer Art. Alles war noch da, aber kein Mensch zu sehen. Der doppelte Schlag aus Lockdown und Terrorschock hatten über Nacht alles verfremdet. Man konnte kilometerweit gehen, ohne einem Menschen zu begegnen. Alle zehn Minuten kroch leise ein Auto an mir vorbei. Einmal kam mir eine Straßenbahn entgegen. Sie war ohne Passagiere unterwegs. Man denkt dabei an Bertolt Brechts Konzept vom Verfremdungseffekt, der Aufmerksamkeit und Bewusstsein lenkt, indem er verstört, ein machtvoller künstlerischer Effekt.

Ich erinnerte mich daran, wie ich vor zehn Jahren in New York war, als Hurricane »Sandy« über den Südzipfel von Manhattan fegte und am nächsten Morgen über dieser Stadt eine verstörende Stille lag. Damals habe ich in meine »New York Diaries« geschrieben:

Die Ruhe vor dem Sturm ist nichts gegen die Ruhe nach dem Sturm. Es ist ein bizarres Bild, das Downtown Manhattan am Dienstagmorgen bietet: Alles, was südlich der 34. Straße liegt, Chelsea, Greenwich Village, das Bobo-Viertel Tribeca und der Finanzdistrikt ganz im Süden ist eine eigentümliche Katastrophenzone. Man kommt praktisch nur zu Fuß voran, überall flattern die gelben Bänder herum, wie man sie aus den Krimis kennt: »Crime Zone«. Keine Durchfahrt. Kein Strom, das Funktelefonnetz ist ohnehin down. Es hängt eine seltsame Stille über der Szenerie, die diese Stadt sonst nicht kennt. Weg ist der ewige Lärm der Klimaanlagen, die normalerweise in den New Yorker Himmel röhren. Höchstens brummt irgendwo einmal ein Notstromaggregat, hin und wieder fährt ein Polizei- oder Feuerwehrauto mit eingeschalteter Sirene durch die Stille.

Auf der 5th Avenue, einer der teuersten Einkaufsstraßen der Welt, liegen Holzlatten und Eisenstreben zu einem pittoresken Riesenmikado aufgetürmt. Schwer zu sagen, was das einmal war, bevor hier Hurricane »Sandy« durchwehte und die Flutwelle vom Meer her hochdrückte. Wohl am ehesten ein Baugerüst. (…) In den U-Bahn-Stationen steht immer noch das Wasser, in den Autotunnels, die Manhattan mit den anderen Stadtteilen verbinden, steht es bis knapp unter die Decke. In dem Moment ist es schwer vorstellbar, dass hier demnächst wieder so etwas wie Normalbetrieb einzieht.

Aber über der gesamten Szenerie hängt eine Atmosphäre lässiger Gemütlichkeit. Die Leute schlendern gelassen durch ihre Viertel und begutachten, was »Sandy« angerichtet hat. Eilig hat es heute keiner. Fast ist es so, als hätte der Hurricane die Leute dazu gezwungen, es einmal einfach ruhig anzugehen.

Nur ganz im Süden, am Battery Park, wo Hudson und East River aufeinandertreffen und die Stadt den Gezeiten ausgesetzt ist, peitschen die Wogen noch immer an den Pier. Hin und wieder schwappt eine Welle an Land. Vor ein paar Stunden stand hier alles noch vier Meter unter Wasser.

Manhattan ist in diesem Moment zweigeteilt. Unterhalb der 34. Straße ist Ausnahmezustand. Notstand. Das Leben steht still. Oberhalb der 34. Straße ist fast alles einigermaßen normal. Wer die Nacht nördlich dieser Linie verbrachte, war auf der sicheren Seite. Wer sie südlich der Linie verbrachte, war in einer anderen Welt. Es ist irgendwie fast so, wie wenn in Bangladesch Katastrophe ist und wir in Wien vor dem Fernseher sitzen. Dann wissen wir, irgendwo geht es Leuten gerade sehr übel, aber wir sind weit weg, haben damit nichts zu tun. So ähnlich war das in dieser Nacht auch in New York, bloß dass Normalzone und Katastrophenzone nur durch drei, vier Wohnblocks getrennt waren. Es war ein beeindruckendes Schauspiel, die Windböen über den Wolkenkratzern. Der Sturm tanzte über der Stadt und trat ihr gelegentlich auf die Finger.

Auch die Katastrophe hat ihre Romantik und das Desaster ist für aufmerksame Beobachter Material. Sie zeigt eine Wirklichkeit, die wir normalerweise übersehen. Sie verändert auch die Wirklichkeit, und wir sehen genauer hin. Heroismus des Sehens, um Susan Sontag zu paraphrasieren, die den Heroismus des fotografischen Sehens »in der Fähigkeit zu Entdeckung von Schönheit ... in dem, was jedermann sieht« verspürte.

»Stadt steht still«, schreibt Florian Illies in der *Zeit* über Berlin, die Stadt sei um ihre Existenzgrundlage gebracht, nämlich um ihre »Besessenheit für das Jetzt«, um die Hektik, um die Eile. Die Partyzone hat jetzt große Pause, stattdessen »schieben sich im Schneckentempo die gelben und braunen Lieferwagen der Paketdienste durch die Straßen und beliefern jedes Haus mit kühnen Kartonbergen, als sei täglich Weihnachten«. Das Einzige, was hier jetzt noch zack, zack geht »ist der Rachenabstrich«.

Epidemien, Pandemien, Seuchen sind, wie Laura Spinney in ihrer großen Untersuchung über die Spanische Grippe schreibt, »im gleichen Maße ein soziales Phänomen wie ein biologisches Phänomen«.

Wie wir eine Pandemie überhaupt wahrnehmen, hängt von gesellschaftlichen Umständen ab. Sie hat gesellschaftliche Auswirkungen, so wie sie biologische Auswirkungen hat. Und Pandemien können Gesellschaften nachhaltig verändern. Und die, die Elementarereignisse durchmachen, bleiben nicht unverändert. Deswegen müssen wir über unser Jahr in der Niemandsbucht dringend nachdenken. Aufschreiben, was da mit uns geschieht. »Jedes Zeitalter bekommt neue Augen«, schrieb Heinrich Heine. Der Sozialcharakter des Nerds, der bisher als eigen und seltsam galt, war plötzlich Normalität. Man hängt den ganzen Tag vor dem Computer und redet manchmal den ganzen Tag mit niemandem. Am tiefsten wird das die »Generation Corona« prägen: Jugendliche, die für ein Jahr um alles gebracht wurden, was zu Jugend dazugehört – ausgehen, Freunde treffen, unvernünftig sein, Menschen kennenlernen, die die Kreise des bisherigen Umfelds erweitern. Distance Learning, das heißt nicht nur auf Distanz lernen, sondern auch die Distanz lernen. Während Erwachsene oft einfach ihr Leben weiter leben können, wollten sie gerade in eines starten und haben nun nichts, worauf sie hinarbeiten können.

Kinder, die jetzt aufwachsen und so klein sind, dass sie sich an eine Normalität nicht mehr erinnern können, sondern längst geprägt sind von einem Jahr Angst, Unsicherheitsgefühl, Ausnahmezustand, Isolation und Gereiztheit der Eltern. »Was macht mit uns, unserer Psyche, unserer mentalen Gesundheit, ein Zustand der permanenten Angespanntheit«, schreibt Elif Shafak. »Die Welt, die wir augenblicklich beleben, ist eine, die unseren Sinn der Verwundbarkeit verschärft.« Man schaltet die Nachrichten ein und hat das Gefühl: »Es ist zu viel, um damit klarzukommen.«

ABSCHNITT 2
EPIDEMIEN
UND GESELLSCHAFT

So eine Seuche ist schon eine Pest. Woran (Wortspiel!) wir schon sehen, wie uns Epidemien prägen. Sie prägen die Mentalitäten, die Sprache. Die Pest ist bis heute auch eine Metapher für alles, was so wirklich unerträglich ist. Synonym für blanken Terror. Seuchen prägen uns. Sie. Mich. Bis ich gelernt habe, wie man sich richtig die Hände wäscht, musste ich 54 Jahre alt werden, oder wie man jetzt bei uns sagt: Risikogruppe.

Epidemien und Pandemien waren stets Wendezeiten in der Weltgeschichte. Sie brachten Jahre von Tod und Leiden, aber auch von »intellektueller Desorientierung«, wie das der amerikanische Historiker Frank M. Snowden in seinem Buch »Epidemics and Society« nennt. Viele sahen noch bis in die frühe Neuzeit hinein die Pest als eine Strafe Gottes an. Man machte Minderheiten dafür verantwortlich, die Krankheit eingeschleppt zu haben, was zu Gemetzel und Pogromen führte. Zugleich setzte sich aber auch langsam die Erkenntnis durch, dass es natürliche Ursachen für die Seuchen geben müsse. Diese Erkenntnis war eine ungeheure Revolution. Dass Epidemien nicht eine Strafe Gottes für sündige Gesellschaften waren, sondern es biologische Gründe dafür gab und die Krankheit offensichtlich ansteckend war. Beides konnte lang nebeneinander bestehen, noch bis in die Zeit der Spanischen Grippe nach dem Ersten Weltkrieg. Da erließen die Gesundheitsbehörden Versammlungsverbote, zugleich veranstalteten die Kirchen große Fürbitt-Gottesdienste, bei denen sich die Gläubigen drängten und sich zu allem Überdruss in Schlangen anstellten, um irgendwelche Reliquien zu küssen.

»Die Konzeption der natürlichen Verursachung … markiert vielleicht den epochalsten Fortschritt in der Geistesgeschichte der Menschheit.« (Snowden) Die Erkenntnis, oder besser: die Ahnung, dass Epidemien biologische Ursachen haben, führte zu ersten öffentlichen Gesundheitsmaßnahmen, also zu gesellschaftlichem Fortschritt. Hygiene, sanitärer Fortschritt. Zugleich aber auch: starker Staat, starke Regierung, die weit in die Privatsphäre der Menschen eingriff, sie in Quarantäne steckte, diese kontrollierte, Polizei und Gesundheitskommandos in die Wohnungen schickte. Ohne Epidemien wäre der Aufstieg des absolutistischen Staates anders verlaufen.

QUARANTÄNE, ISOLATION, HYGIENE

Aus unserer Sicht, mit Blick zurück und mit Blick auf uns, reiben wir uns die Augen. Alles ist anders, aber manches frappierend gleich. Heutige Containment-Politik »basiert auf traditionellen Methoden, die auf die staatliche Gesundheitspolitik während der Beulenpest zurückgehen: Ansteckungsfälle aufspüren, isolieren, in Quarantäne stecken, die Absage von Massenveranstaltungen, Überwachung Reisender, Empfehlungen für persönliche Hygiene und Schutz durch Masken, Handschuhe, Mäntel«. (Snowden)

Wir fühlen uns da ein wenig an jene Art Generäle erinnert, die neue Schlachten mit den Methoden früherer schlagen wollen, wenn wir

Berichte wie von Daniel Defoe über die Pest in London aus dem Jahr 1665 lesen. Eine Gesellschaft in Furcht, die erstmals »rational« zu reagieren versuchte. Die Obrigkeit erließ die Anordnung, »Leute in ihren eigenen Häusern abzusperren«; Staatsdiener hatten die Möglichkeit, »sich zwangsweise Eintritt (zu) verschaffen, bis die Art der Erkrankung festgestellt ist«; das Gebäude wurde abgesperrt, zwei Wächter für jedes Haus abgestellt, jedes verseuchte Haus wurde in der Mitte der Tür mit einem roten Kreuz bezeichnet und die Wächter hatten auch die Aufgabe, »die Eingeschlossenen mit dem Notwendigsten« zu versorgen. Die Londoner achteten darauf, nicht in die Nähe von Leichen zu kommen, und in engen Gassen kehrten sie um, wenn sie Gefahr verspürten. Man achtete darauf »sich mit kleinem Gelde (zu) versehen, um das Wechseln unnötig zu machen«. Die meisten Geschäfte lagen darnieder und die Armen hatten kaum mehr eine Möglichkeit, »ihr Brot zu verdienen«. In Droschken stieg praktisch niemand mehr, »weil man nie wusste, wer zuvor damit befördert worden war«.

Selbst die »Fake News« und Ratschläge von Youtube-Doktoren unserer Zeit gab es, auf ihre

Weise, damals schon. Quacksalber verkauften Amulette, auf denen der Spruch »Abracadabra« pyramidenförmig geschrieben war, und versicherten, diese würden fix gegen die Krankheit helfen.

Die hygienischen und Kontrollmaßnahmen, die in der Seuche ergriffen wurden, wurden später beibehalten – und angepasst, um eine Rückkehr der Krankheit zu vermeiden. Es war die Geburt des öffentlichen Gesundheitswesens.

Epidemien sind, wenn man so will, ein Foucault'scher Moment. Sie stärken eine rationale Verwaltung und den autoritären Zugriff auf das Individuum, haben paternalistische Effekte von Erziehung und Selbsterziehung. Sanitäre Vorschriften und hygienische Ratschläge werden zur Normalität, deren Befolgung sozialer Kontrolle unterliegt, die aber wiederum auch den Individuen zur zweiten Natur werden sollen. Sie etablieren Gesundheitsinstitutionen vom Pesthaus über die Klinik bis zum Sanatorium, Forschungseinrichtungen später auch, und während der Epidemien und in ihrem Nachgang gehen sozialer Fortschritt und autoritärer Verwaltungsstaat ein seltsames Bündnis ein. Michel Foucault nannte das »Biopolitik«, die ihren Ursprung darin hatte, dass der Staat sich überhaupt mit der Bevölkerung zu beschäftigen begann, von der Geburtenrate bis zur Volksgesundheit, und darauf achtete, dass Körper fit bleiben und deviantes Verhalten unterbunden wird, und zwar weniger um Deviante zu bestrafen, sondern mehr wegen des damit verbundenen Effektes gegenüber allen anderen, nämlich der Schaffung eines gängigen Konsenses von »normalem Verhalten«. Bevor der absolutistische Staat entstand, begegnete die Regierung den Bürgern vor allem strafend, letztendlich mit einer Todesdrohung. Die Pestära war der historische Übergang, als die »Sorge um das Leben« plötzlich eine Aufgabe von Behörden wurde. Die Menschen in den Risikozonen wurden quarantänisiert, zugleich aber mit dem Nötigsten versorgt, von Staatsdienern, die von Haus zu Haus gingen und durch die Fenster nach der Gesundheit fragten.

All das ist eine Wechselwirkung von autoritärer Abrichtung und Disziplinierung, aber mehr noch von positiver Anreizsetzung, damit die Disziplin zur Selbstdisziplin wird, das Subjekt selbst begehrt, was von ihm begehrt wird, die Macht in es einwandert. Darum, so formulierte Foucault einmal auf geniale Weise, »hätte

zu viel regieren bedeutet, gar nicht zu regieren«.
Wenn wir uns je gefragt haben, was damit ge-
meint sein könnte, jetzt wissen wir es. Wird nur
befohlen, macht keiner mit. Wir haben in diesem Jahr der Ansteckung sehr genau beobachten
können, wie wahr das ist. Der Lockdown selbst
folgte dem »Pest«-Modell (Quarantäne, rigide
Vorschriften), ist aber nur für den absoluten
Notfall praktikabel und nicht einmal für diesen
auf längere Zeit, weil komplexe Gesellschaften
undurchdringlich sind und man nicht an alle
Ecken Polizisten hinstellen kann, sondern von
der Zustimmung der Bevölkerung abhängig ist.
Foucault spricht davon, dass die Macht produk-
tiv ist, also nicht nur befiehlt und überwacht,
sondern das Subjekt lockt und verändert, und er
spricht von »Mikrobeziehungen von Macht«, die
somit nicht einfach von oben nach unten wirken, sondern kreuz und quer, einer Mikrophysik
der Macht. Erst in dem Moment, in dem all das
der politischen Herrschaft gelingt, »beginnt (etwas), was man die Macht über das Leben nennen
kann«, meint Foucault, und: »Ich glaube, das
Recht, das zwischen Erlaubtem und Verbotenem
unterscheidet, ist in Wirklichkeit nur ein relativ
unangemessenes, irreales und abstraktes Macht-

instrument. Konkret sind die Machtbeziehungen sehr viel komplexer.« Kein Biopolitiker hätte der Bevölkerung je befehlen können, sich täglich zweimal die Zähne zu putzen. Es war von staatlicher Politik gewünscht, es wurde von Sozialreformern propagiert, sozialistische Zeitschriften forderten ordentliche Wohnbauten für die Armen, in denen es gute Bäder gab, danach wurde in Bildstrecken vorgeführt, wie man die richtige Alltagshygiene vollführt, und in Schulen wurde es den Kleinsten beigebracht. Eine Gesundheitsversorgung wurde eingeführt, die auch für Unterprivilegierte ärztliche Versorgung garantierte, ja, sie wurde von den Unterprivilegierten oft sogar gegen Machthaber durchgesetzt, aber die Ärzte pädagogisierten dann eben die neue Klientel. Es ist ein großes Kuddelmuddel mit vielerlei Machteffekten, die nicht bloß in eine Richtung wirken. Staatskörperkultur. Public Health und soziale Kontrolle gehen Hand in Hand. Der Begriff der »Selbstbeherrschung« trifft das in seiner Vieldeutigkeit ziemlich genau.

TOTE RATTEN IN DEN STRASSEN, PROLOG DES UNHEILS

Und wenn die Ratten in den Straßen starben, die Ratten, das waren die Überträger des Bakteriums Yersinia pestis, also eigentlich waren die Flöhe der Ratten die Überträger, aber die Ratten trugen sie zu den Menschen und über die Kontinente hinweg, und ja, es waren nicht unsere Ratten, die heute bei uns heimisch sind, die die Pest übertrugen. Diese Ratten sind heute ausgerottet, aber nicht durch uns, sondern durch die Ratten, die hier einwanderten und nunmehr bei uns heimisch sind, da diese Ratten jene Ratten, die vor ihnen da waren, totbissen. Die Pestratten waren zutraulich und lebten mit den Menschen wie Haustiere, anders als die antisoziale Ratte, die heute bei uns lebt, die ist gewissermaßen »socially distant« und huscht nur manchmal über die Straßen bei Nacht …

Die Ratten, die in den Straßen starben, waren die Ankündigung des Unheils. Vorboten. Prolog des Unheils. Die Ratte hat seitdem einen schlechten Ruf. Kein Wunder womöglich, dass es Jahrhunderte später unter den Punks Mode wurde, sich Ratten zu halten. Nicht zuletzt weil die Ratten so »außerhalb der Gesellschaft« standen, wie das die Punks auch gerne wollten.

KRANKHEIT ALS METAPHER

Krankheiten werden, kaum identifiziert, sofort erklärt, sie werden gedeutet, gleichsam mit Sprache infiziert wie die Zelle vom Virus. »Krankheit als Metapher« hat Susan Sontag einen berühmten Essay genannt, weil Krankheiten auch immer mit moralischen Erklärungen umgeben waren. Krebs wurde noch bis in die siebziger Jahre angesehen als etwas, was man kriegt, wenn man kein glückliches Leben lebt, wenn man Sorgen in sich reinfrisst. Der Krebs »frisst sich in dich rein«, das ist noch immer so ein Bild, das wir vor Augen haben. Das »Metastasieren«. Es gibt aber keine »Krebspersönlichkeit«, auch wenn manche immer noch meinen, dass gestresste, einsame, depressive, lustunfähige oder sonstwie in Bezug auf unser modernes Selbstideal defizitäre Menschen häufiger an Krebs erkranken. Das »gebrochene Herz«, auch so ein Sprachbild. Und bei Krankheiten, die ansteckend sind, ist die metaphorische Dimension noch frappierender. Denken wir nur an Aids und seine Metaphern, als »Homosexuellenseuche«, als Strafe für Homosexualität, für Gesellschaften, die diese akzeptieren, oder nur als Gefahr, die aus sexueller Libertinage entspringt. Sofort sind diese Krankheiten auch moralisch überdeterminiert. Nicht nur die »Interpretation« der Krankheit, auch ihr Name hat metaphorische Wirkung. »Grippe« wirkt nicht sonderlich gefährlich, weshalb die Spanische Grippe auch unterschätzt wurde. Dabei war sie wahrscheinlich das größte Desaster der Menschheit und tötete zwischen fünfzig und hundert Millionen Menschen. Sie war zweifellos die größte Katastrophe des 20. Jahrhunderts, kostete mehr Menschenleben als Erster und Zweiter Weltkrieg und der Holocaust zusammengezählt. Übrigens heißt sie auch nur Spanische Grippe, weil alle kriegsführenden Nationen einer strengen Zensur unterlagen und über die Epidemie in Zeitungen nicht berichtet wurde. Spanien war neutral, und so erschienen die ersten Artikel in spanischen Zeitungen, weil die keiner Zensur unterworfen waren. Aber in Senegal heißt sie Brasilianische Grippe, in Brasilien die Deutsche

Grippe und in Polen die Bolschewistische Seuche. In Japan Sumo-Grippe, weil sie erstmals bei einem Ringerturnier auftrat. Schweinegrippe, Vogelgrippe, all das evoziert Bilder im Kopf. Wer will schon von einer Sau aus dem Stall eine Krankheit abbekommen, da schon lieber von der hübschen, gewaschenen Nachbarin. Dabei ist das für das Virus natürlich ziemlich egal. Fast jede Grippe ist eine Vogelgrippe, unsere normale Influenza hat Enten als Wirte. Um all diese Probleme mit der Metaphorik der Namensgebung zu bekämpfen, hat die World Health Organization verfügt, dass Krankheiten nur Namen bekommen dürfen, die Akronyme ihrer Symptomatiken sind. Einige Zeit überlegte man, sie wie Stürme und Tiefdruckgebiete mit Frauen- und Männernamen zu benennen, man kam davon aber schnell ab. »Sebastian-Grippe«, das würde in Österreich zwar zu Schenkelklopfern führen, wäre dann aber doch auch irgendwie absurd. Deswegen heißt SARS wie es heißt (Übersetzt: Schweres akutes Respiratorisches Syndrom, also Atemwegssyndrom), und nicht einmal das hilft immer, denn Hongkong fühlt sich diskriminiert, da Hongkong offiziell in China »Special Administrative Region« heißt, also SAR, was jetzt irgendwie krank klingt. Die Namensgebung, je technischer sie wird, desto unklarer wird sie. Deswegen hier einmal: Die Virenfamilie, zu der das Virus zählt, ist die der Corona-Viren. Das Virus selbst heißt SARS-CoV-2, die von diesem verursachte Krankheit Covid-19.

Die Krankheit zehrt nicht nur von den metaphorischen Geschichten, mit denen sie umgeben wird, sie kann umgekehrt auch selbst zur Metapher werden. In seinem Jahrhundertroman »Die Pest« beschreibt Albert Camus, verfasst in dem von den Nazis besetzten Paris, wie Viren, wie Gift eine Gesellschaft zersetzen, sich in alle Winkel einfressen. Eine Metapher auf die totalitäre Herrschaft. Aber es ist auch eine Geschichte vom Überleben, vom Nicht-Aufgeben, vom Aufrecht-Stehenbleiben.

Die metaphorische Dimension und der Schrecken, der von einer Krankheit ausgeht, hat nicht immer mit deren tatsächlicher Bedrohlichkeit zu tun. Die Pest kam plötzlich, entstellte, führte zu einem fürchterlichen Tod, ist absoluter Terror. Die Pocken, kaum weniger tödlich, nicht weniger entstellend, waren dagegen immer da, sie kamen regelmäßig, führten zum Tod eines Teils von Kohorten, zur Herdenimmunität eines anderen Teils. Da sie als das Gewohnte angesehen wurden, war ihr Schrecken ein anderer. Welche gesellschaftlichen Wirkungen eine Krankheit hat, hat auch viel mit den Übertragungswegen zu tun. Ist, wie bei der Cholera, der Übertragungsweg die »Oral-Fäkal-Route«, wie das in der Fachsprache heißt, ist also der Übertragungsweg Schmutz in den Wohnungen, Exkremente, verseuchtes Wasser, dann wütet sie fast nur in den Slums, wird als Krankheit der Armen angesehen, und mit der Aura des »Unsauberen« umgeben. Sie gilt als Krankheit jener, die »schmutzig sind«.

»Bei der kolossalen Unsauberkeit, die nicht bloß bei den ärmeren Klassen zu finden ist, bei der Reizbarkeit des Volkes überhaupt, bei seinem grenzenlosen Leichtsinne, bei dem gänzlichen Mangel an Vorkehrungen und Vorsichtsmaßregeln, musste die Cholera hier rascher und furchtbarer als anderswo um sich greifen«, wusste Heinrich Heine über die Cholera im Paris des Jahres 1832 zu berichten. Ebbte die Seuche ab, wurden die Menschen unvorsichtig und wogen sich in falscher Sicherheit, das konnte Heine schon damals beobachten und mit dem schönen Satz beschreiben »... wie überhaupt die Menschen immer das glauben, was sie wünschen, sie berauschen sich im Champagner ihrer Hoffnungen …« Und: »Je wunderlicher die Erzählungen lauteten, desto begieriger wurden sie vom Volke aufgegriffen …« Vorhandene Klassenspaltungen, die bislang hingenommen wurden, führten zu Empörung: »Das Volk murrte bitter, als es sah, wie die Reichen flohen, und bepackt mit Ärzten und Apotheken sich nach gesünderen Gegenden retteten …«

Über die Cholera-Katastrophe in Wien 1832 berichten zeitgenössische Quellen, »es ist unbegreiflich, wie bei solcher gefahrvollen Lage unser Publikum so ganz sorglos und unbekümmert sein kann; man spricht wohl hier und da mit Bangigkeit davon; aber niemand ändert etwas an seiner Lebensweise und alle öffentlichen Vergnügungslokale sind gedrängt voll«. Die kaiserliche Familie und die aristokratische Oberschicht hatten sich nach Schönbrunn und ins Belvedere geflüchtet, Soldaten hatten die Paläste umstellt – einerseits um den Zutritt Ansteckender zu verhindern, andererseits aus Angst vor Aufständen des Volkes, das nicht nur in hoher Zahl dahingerafft wurde, sondern durch Fabrikschließungen und die Disruption des Wirtschaftslebens um ihr Einkommen gebracht war.

Bei den Armen spricht sich herum, die Reichen würden sie vergiften, bei den Reichen wiederum ist man überzeugt, die Schmutzigkeit der Armen ist nicht Folge ihrer Armut, sondern ihrer moralischen Verkommenheit.

Bei Krankheiten wie Syphilis und Tripper ist das moralisierende Narrativ naheliegenderweise wieder ein anderes. Die meisten tragen Infektionen wie diese mit Scham, höchstens ein paar Sonderlinge stolz, gewissermaßen als Verwundetenabzeichen für besonderen Mut und um Verdienste in einer sexuellen Leistungsgesellschaft.

Ist die Übertragungsweise Husten, Tröpfcheninfektion und durch Aerosole, dann ist die Seuche demokratischer – und beinahe frei von Stigma. Sie trifft alle. Und das hat dann andere gesellschaftliche Effekte. Die Cholera traf primär Arme. Führte zu deren moralischer Abwertung. Führte zugleich auch zu Aufständen der Armen. Rebellionen, Revolutionen. Die Rolle der Cholera bei den Umstürzen des 19. Jahrhunderts ist unterschätzt. Überhaupt die Rolle von Krankheiten bei den großen historischen Geschehnissen. Die Konquistadoren haben die »Neue Welt« und deren indigene Bevölkerungen nicht so leicht unterworfen, weil sie kriegstechnisch so

überlegen waren – sondern weil sie Krankheiten einschleppten, die die indigenen Bevölkerungen faktisch ausrotteten. In allen Kriegen des
18. und 19. Jahrhunderts starben mehr Soldaten
an Infektionskrankheiten als auf dem Schlacht-
feld. Kluge Generäle und Feldherren setzten das
auch bewusst ein und lockten Invasionsarmeen
in Konstellationen – örtliche, jahreszeitliche –,
die dazu führten, dass die Angreifer von Plagen
dahingerafft wurden. Möge er nur kommen,
dachten die Generale des Zaren, als Napoleon
mit der »Grande Armée« gen Moskau zog. Sie
wussten, sie mussten ihn nur zur rechten Zeit
an die rechten Orte dirigieren. Eine halbe Million Soldaten waren mit Napoleon nach Osten
gezogen, dezimiert von Kälte, Viren, Bakterien,
Flöhen, Läusen und sonstigem Mikrobengetier
kehrten nur zehntausend zerlumpt zurück.

ALS ES CHIC WAR,
TUBERKULÖS ZU SEIN

War eine Seuche »demokratischer« verteilt und
immer da, wurde sie oft gar nicht als übertrag-
bare Krankheit erkannt. Die Tuberkulose etwa

war so ein Fall. Lange dachte man, es gebe eine Veranlagung zur Schwindsucht, wie die Tuberkulose auch hieß. Man deutete sie als Zivilisationskrankheit. Zwar befiel auch sie vornehmlich die Armen, Verletzbaren, aber doch in recht erheblicher Zahl die Reichen und Schönen und Jungen. Sie veränderte sogar das Schönheitsideal, wurde romantisiert und ästhetisiert. Die Frauen dünn, fahl, blass, zerbrechlich, ja, gewissermaßen: entschwindend. Man nannte das später sogar »Schwindsucht-Chic«, und den gibt es bis heute, und bei den Männern ist es der klapprige, dünne, von seiner Kreativität geplagte, verwuschelte Künstler-Typ, dessen Blick etwas leer in die Ferne geht. Das Schönheitsideal, das TBC in der romantischen Periode prägte, hält sich bis heute und wir sehen es in jeder Modezeitschrift. Gesund aussehen wurde unmodern, lang vor Kate Moss oder Keith Richards.

Schiller, Tschechow, Balzac, Chopin, Edgar Allan Poe, alles Schwindsüchtige, die der Krankheit ihr romantisches Künstlergepräge gaben. Da die Krankheit nicht entstellend war, in vielen Fällen auch erst nach ein, zwei Jahrzehnten tödlich, konnte sie mit der Metaphorik von »Genie«, »Schönheit«, »Verletzlichkeit« und »Sensitivität« umgeben werden. Etwas, das bei Pocken oder der Pest ziemlich unmöglich gewesen wäre.

Von der Tuberkulose dachte man, schreibt Susan Sontag in »Krankheit als Metapher«, dass sie »euphorische Zustände, gesteigerten Appetit, verstärktes sexuelles Begehren auslöst«. Wer sie bekomme, sei ein geniales, aber »innerlich verwahrlostes Kind«. Schwindsucht sei, so die Verklärung, eine Krankheit »sensibler passiver Menschen«. Camille Saint-Saëns schrieb 1930 noch über Chopin, dieser habe zu einer Zeit gewirkt, »als eine gute Gesundheit nicht schick war … es war modisch, blass und abgezehrt auszusehen«. Vor allem die Romantiker verbanden Tod und Krankheit mit dem Begriff von »Schönheit«. Man muss das alles erst einmal sickern lassen. Schließlich handelt es sich um eine schreckliche Krankheit, die man auf völlig unsinnige Weise in den romantischen Vorstellungswelten in ein ästhetisches Ereignis verwandelte.

Susan Sontag: »Wie man von Tuberkulose annahm, dass sie von zuviel Leidenschaft herrühre und die Ruhelosen und die Sinnlichen befalle, so glauben heute viele, dass Krebs eine Krankheit unzureichender Leidenschaft sei.« Krebs sei gewissermaßen die Reaktion des Körpers auf »niedergehaltene Emotionen«, eine metaphorische Vorstellung, die immer noch nicht gänzlich verschwunden sei, und oft würden Krebskranke von Freunden und Familie auch heute noch gemieden, als hätte ihre Krankheit etwas Ansteckendes, als wären sie von einer krankhaften Psyche, mit der man am besten nicht in Berührung käme. Noch mehr hält sich daher bis heute die fantastische Idee, dass, wenn die Erkrankung vom Charakter abhänge, dies auch für die Heilung gelte, dass diese also eine Willensfrage sei. Hier haben wir Reste jener archaischen Vorstellungen von Krankheit als Strafe, die auf subtile Weise sogar die Widerstandsfähigkeit Erkrankter unterminieren können. »Patienten, die darüber belehrt werden, dass sie ihre Krankheit unwissentlich selbst verursacht haben, lässt man zugleich fühlen, dass sie sie verdient haben.« (Sontag)

Was die Tuberkulose anging, hatte sie, solange man über die bakterielle Ursache der Krankheit nichts wusste, wenigstens keine stigmatisierenden Effekte. Die brachte, gewissermaßen, erst der medizinische Fortschritt. Erst der machte klar, dass die Befallenen ansteckend, also gefährlich sind, machte sie zu »Aussätzigen«. Auch so ein Wort aus der Seuchengeschichte übrigens, das heute oft einen nicht-medizinischen, gesellschaftlichen Klang hat.

DAS VIRUS – ES FÜHLT SICH NUR IN GESELLSCHAFT WOHL

Das Problem am medizinischen Fortschritt war, dass er über einige Jahrzehnte zwar zu der Einsicht führte, dass durch Bakterien und Viren (diese ganz kleinen Biester wurden erst später entdeckt) verursachte Krankheiten biologische Ursachen haben, es aber keine effektive Behandlung gab. Diese stellte sich erst mit den Antibiotika (gegen bakterielle Seuchen) und mit antiviralen Medikamenten und Impfstoffen ein. Das verschärfte das gesellschaftliche Leid der Kranken oft noch.

So ist selbst die »demokratischste« Infektion nie völlig frei von Stigma. Klar, wer die Grippe hat, wird bei uns üblicherweise nicht als Aussätziger gesehen. Aber schon jetzt sah man, dass Covid-19 in kleinen Dörfern stigmatisierende Effekte haben kann. Wer infiziert ist, ist nun einmal ansteckend, also potenziell tödlich, und wird gemieden. Und wahrscheinlich war er oder sie »unvorsichtig« und hat selbst irgendeine Schuld daran, sich die Krankheit eingefangen zu haben – solche Urteile folgen dann auf schnellem Fuße.

Krankheit und Gesellschaft, das ist von Beginn an übrigens ein paradoxes Thema. Und »von Beginn an« heißt wirklich: von Beginn an. Viren und andere Biester brauchen viele Wirte. Das Virus ist unfähig, sich selbst zu reproduzieren, es muss in eine Wirtszelle eindringen und deren Reproduktionsapparat übernehmen, um sich fortzupflanzen. Ein solcher Parasit hängt aber »von seinem eigenen Verhalten ab als auch von dem seines Wirts«. (Laura Spinney) Als Menschen noch in minimalen Kleingruppen herumzogen, hätte ein Virus keine ausreichend großen Wirtsvölker finden können. Viren, die auf Menschen spezialisiert sind, kann es also erst seit dem Entstehen von Ackerbaugesellschaften geben, also der Ära, in der Menschen begannen, in größeren Gemeinschaften zusammenzuleben – Großfamilien, Dörfer, Städte. Epidemien brauchen Menschenmassen. Menschliche Virenerkrankungen haben also nicht nur Effekte auf Gesellschaften, Gesellschaftlichkeit ist gewissermaßen ihre Grundbedingung. Biologie, die nur aufgrund von Gesellschaft existieren kann, jedenfalls in ihrer ausgeprägtesten Form. Das Virus, nicht viel mehr als ein bisschen DNA, die sozusagen schlechte Nachrichten überbringt. Das Virus selbst wurde zur Metapher. Synonym für etwas, das sich überall reinfrisst, fortpflanzt, überspringt, rund um den Erdball rast. Computervirus. Eine Nachricht, die viral geht.

SEUCHEN ALS MOTOR DES SOZIALSTAATES

Keime verursachen die Plage, jeder kann sie sich einfangen, was, in den allermeisten Fällen, im Umkehrschluss auch heißt, dass auch der Reichste nie sicher ist, wenn der Arme nicht sicher ist. Ein Gesundheitssystem, das nicht für alle funktioniert, funktioniert unter den Bedingungen von Epidemie für niemanden. »Die Kapitalistenherrschaft kann nicht ungestraft sich das Vergnügen erlauben, epidemische Krankheiten unter der Arbeiterklasse zu erzeugen; die Folgen fallen auf sie selbst zurück, und der Würgengel wütet unter den Kapitalisten ebenso rücksichtslos wie unter den Arbeitern«, das wusste Friedrich Engels schon vor hundertfünfzig Jahren. So hatten Seuchen transformatorische Effekte auf Gesellschaften, wurden sogar zum Schrittmacher von sozialem Fortschritt, des Sozialstaates, prägten Städte, moderne Architektur. Ordentliche Wohnungen, eine gute Wasserversorgung, ein hygienisches Abwassersystem – das wurde auch durch Epidemien inspiriert. Die Hygiene wurde entdeckt, das Volk zu Sauberkeit erzogen, es wurde Aufgabe, übrigens der Frauen in erster Linie, die Wohnungen sauber zu halten. Der Besen wurde durch den Wischmopp ersetzt, weil man lehrte, die Keime am Boden werden mit Besen nur aufgewirbelt. Seife, Wischmopp, Wasserleitung – alles Produkte von Seuchen.

WENN DER NÄCHSTE EINE TÖDLICHE GEFAHR IST. SEUCHEN UND EGOISMUS

Das heißt nicht, dass Seuchen »Schulen der Solidarität« seien. Katastrophen können eine solche Wirkung haben, wie Rebecca Solnit in ihrem Buch »A Paradise Built in Hell« schreibt – ein pointierter Titel, der beschreiben soll, dass gesellschaftliche Gleichheit und Solidarität in Desastern wachsen. Natürlich gibt es auch in den Seuchen und Epidemien unzählige Heldengeschichten – die Pflegerinnen, die, bei aller Todesgefahr, Kranke betreuen – und es gibt den Zusammenhalt der Gesunden, die sich gegenseitig unterstützen. Aber Solidarität ist schwierig, wenn das Beste, was man für andere tun kann, daheimzubleiben ist und sich die Hände zu waschen, und wenn der Nächste potenziell ansteckend, also tödlich ist. Wenn im Supermarkt jemand hinter einem hustet, denkt man: nichts wie weg. Bei anderen Katastrophen ist das anders, auch nach Kriegen: Man kann Obdachlose bei sich aufnehmen, Flüchtlingen Obdach geben, man kann, bei Erdbeben etwa, gemeinsam die Opfer ausgraben. Die potenzielle Tödlichkeit des Nächsten kann dagegen Solidarität untergraben. Daniel Defoe hat darüber geschrieben, wie das ist, wenn alle panisch sind. Alles macht sich auf die Flucht, das beste Mittel gegen die Seuche erscheint zunächst, vor ihr davonzulaufen. Je länger der Tod wütet, umso mehr stumpft man ab. »Aber zum Unglück war das eine Zeit, in der jeder zuerst an seine eigene Sicherheit dachte und sich mit dem Elend des

Nächsten nicht abgeben konnte. Alle hatten den Tod vor ihrer Türe oder schon im Hause und wussten weder, wohin zu fliehen, noch was sonst sie tun sollten. Dadurch wurde alles Mitleid erstickt und die Selbsterhaltung zum obersten Gesetz. Kinder verließen ihre Eltern, Eltern ihre Kinder, wenn das auch vielleicht nicht so häufig vorkam. Todesgefahr zerstörte alles Mitgefühl und alle Sorge für andere.«

Boccaccio berichtet in seinem »Decamerone« (über die Pest von Florenz 1348), wie Bürger einander mieden, »wie unter Nachbarn kaum jemand zu finden war, der Mitgefühl für einen anderen zeigte, wie Verwandte sich distanziert verhielten und sich nie oder nur selten trafen; (…) Väter und Mütter wurden gefunden, wie sie ihre eigenen Kinder ungepflegt und unbemerkt ihrem Schicksal überließen, als wären sie Fremde gewesen. So blieben die Kranken beider Geschlechter, deren Zahl nicht geschätzt werden konnte, ohne Mittel …«

Aufrufe, sich während der Spanischen Grippe 1918 um verwaiste oder unbetreute Kinder zu kümmern, verhallten weitgehend ungehört. Die meisten Menschen waren verängstigt und nur damit beschäftigt, sich um sich selbst zu kümmern. Dass dieses größte Desaster in der Geschichte des 20. Jahrhunderts so frappierend wenig Eingang in das kollektive Gedächtnis fand, führen kluge Köpfe daher auch auf diese Tatsache zurück: Es gibt so wenige Episoden und Anekdoten, die erlauben, sich darüber Heldengeschichten zu erzählen. Im Gegenteil, die Menschen mochten nicht, was die Epidemie aus ihnen machte: Egoisten nämlich, die nur überleben wollen. Deswegen haben sie sie vergessen.

EINE ART BESONDERE INNERE UNRUHE

Eine unsichtbare Gefahr löst Angst aus, aber zugleich keine Panik. »Panisches Verhalten ist klassischerweise als desorientiertes Verhalten beschrieben«, sagt Scott Gabriel Knowles, Historiker an der Drexel University. »Menschen können nicht handeln, weil sie keine Entscheidung treffen können, da sie von der Angst buchstäblich in Besitz genommen werden.« Solches Verhalten trifft für Pandemien eher selten zu. Es würde ja nichts helfen, in kopfloser Aufgeregtheit durch die Straßen zu laufen. Eher kapselt man sich ab, in der Wohnung, und in der noch einmal, wie eine russische Matrjoschka, in sich selbst, in ein inneres Exil, in einer Art besonderer innerer Unruhe, stoischer Erregtheit.

WARUM WAREN WIR DERART BLIND? WIR HÄTTEN ES WISSEN MÜSSEN

Das Eigentümlichste an diesem Desaster, das jetzt um die Welt fegt, ist die Tatsache, dass es erwartet wurde. Wenn das Bonmot »a disaster waiting to happen« je wirklich zutraf, dann auf dieses. Auch die Wirtschaftskrise, die die Ökonomie jetzt wie eine Keule trifft, wird gelegentlich mit der Metapher des »Black-Swan-Effektes« beschrieben, also des unerwarteten Ereignisses, das einen Dominoeffekt auslöst, mag er ein ökonomischer oder ein außerökonomischer wie dieser sein. Aber es ist kein »Black-Swan-Effekt«. Nichts war erwartbarer als diese Pandemie. SARS erschütterte 2003 die Welt, breitete sich aus, führte zu achttausendundachtundneunzig Erkrankten und siebenhundertvierundsiebzig Toten, bis es gelang, die Infektionsketten auszutrocknen. Aber die Krankheit war ein Weckruf, weil sie alles vereinigte, was nötig ist, um das globale System schwer zu treffen. Es war eine Atemwegserkrankung, die von Person zu Person springt. Sie hat eine längere nicht symptomatische Inkubationszeit; sie hat Symptome, die zunächst über normale Erkältungen nicht hinausgehen; sie verbreitet sich schnell und leise in einer global vernetzten Welt; sie wütet schnell unter Ärzten und anderem Krankenhauspersonal; und sie hat eine Mortalitätsrate von rund zehn Prozent. Und sie kam ursprünglich aus China. Ähnliche Krisen erlebte die Welt noch mit anderen Infektionen, zuletzt mit Ebola. Alle Expertenstäbe haben sich in aller Welt darauf vorbereitet und auch Politiker und Spitzenbeamte hätten es tun können. Das deutsche Robert-Koch-Institut hat das Szenario 2012 in einer Expertensimulation und Studie sogar durchgespielt. Als Drucksache »17/12051« ist sie als Bericht der Bundesregierung für jeden abrufbar. »Die Symptome sind Fieber und trockener Husten, die Mehrzahl der Patienten hat Atemnot, in Röntgenaufnahmen sieht man Veränderungen der Lunge.« Inkubationszeit vierzehn Tage, Verbreitungsweg Tröpfcheninfektion. Als Herkunftsort wird Südostasien angenommen, als Folgen in Deutschland und dem Rest der Welt Engpässe bei medizinischer Ausrüstung, beim Personal und bei der Lebensmittelversorgung. Die medizinische Versorgung bricht zusammen, obwohl mit »Schulschließungen und Absagen von Großveranstaltungen« reagiert wird, mit Quarantäne, Isolierstationen, Masken. Am Ende sind sieben Millionen Menschen in Deutschland tot.

Wir hätten das alle wissen können, und Experten haben es gewusst. Wir wissen seit 3. Januar 2020, dass in China eine seltsame neue Infektion grassiert und Wuhan isoliert wurde. Heute würde uns das nicht mehr passieren. Weil wir eine Erfahrung gemacht haben. Weil wir offensichtlich die Erfahrung brauchten. Das einfache Wissen reicht nicht aus. Bloß auf Basis von Expertenwissen und Modellsimulationen können wir offenbar nicht handeln. Oder stellen wir uns vor, jemand hätte am 15. Januar 2020 gefordert, alle Einfuhren und alle Personenflüge aus China zu untersagen. Er oder sie wäre für verrückt erklärt worden. Deutschland und Österreich konnten im Frühjahr 2020 rigoros handeln, weil wir die Bilder aus den Katastrophenzonen von

Italien sahen. Italien hätte wahrscheinlich nicht zeitgerecht so handeln können, weil es solche Bilder eben nicht zur Verfügung hatte, die frühe Zustimmung zu massiven Maßnahmen gebracht hätten. Auch das ist eine dieser bizarren, bitteren Seiten der Sache: Die, die einigermaßen verschont geblieben sind, müssen denen danken, die als Erste zu Opfern wurden. Denn an ihnen konnten sie sehen, was zu tun ist. Klingt zynisch, ist es aber nicht. So ist das eben offenbar.

ABSCHNITT 3
IN PANDEMISCHER
GESELLSCHAFT

Jeder stirbt für sich allein. Aber bis dahin sind wir miteinander verbunden. Nach einem Jahr Pandemie liegen die Nerven blank. Die ersten Lockdowns waren vollständig akzeptiert, die Maßnahmen der Regierungen hatten beinahe überall große Zustimmung der Bevölkerung, allenfalls überschießende Reaktionen sorgten für Verstimmung und Protest, wie etwa Strafverfügungen für Gespräche auf Parkbänken. Erst danach wurden Pandemie und Kontaktbeschränkungen und Hygieneregeln und Eingriffe in den Alltag zu einem Stresstest für die Gesellschaften.

Die Regierungen sind gezwungen, tief in das tägliche Leben hinein zu regieren, und damit wird – jedenfalls gefühlsmäßig – die gewohnte Balance von Regierung und freier individueller Gesellschaft verändert. Und zwar eben täglich merkbar. Unter normalen Umständen passiert das nur selten. An die meisten Regeln des Zusammenlebens sind wir gewöhnt, wir empfinden sie daher nicht als anmaßend. Möglich, dass es Menschen als Einschränkung ihrer Freiheit empfanden, als die ersten Verkehrsampeln erfunden wurden – wir sind heute jedenfalls daran gewöhnt. Und das betrifft so ziemlich alle Regeln, die unser alltägliches Leben einschränken. Nur selten kommen neue hinzu, bei denen wir das Gefühl haben, dass hier gegen unsere Gewohnheiten vorgegangen wird. Etwa das Rauchverbot in Kneipen, Bars und Restaurants. Aber Politik weiß normalerweise auch sehr gut, dass man Gewohnheiten nur behutsam verändern kann. Gewohnheit führt dazu, dass die Regierung im Alltag für die meisten Menschen »unsichtbar« ist. Natürlich ist unser Leben von Politik bestimmt: Vom Moment, an dem wir jeden Morgen aufwachen, wenn wir das Licht einschalten (Stromversorgung!), die Mails checken (Breitband-Infrastruktur!) und uns dann duschen (öffentliche Wasserwirtschaft!) und zu den U-Bahnen hetzen (kommunale Verkehrsmittel!). Aber wir »spüren« die Politik dahinter fast nie. Natürlich müssen wir Steuern zahlen oder mit unserem Auto zur Überprüfung – aber »das ist halt so«, soll heißen, wir sind es so sehr gewohnt, dass wir es nicht infrage stellen. Jetzt ist das anders. Politiker bestimmen, wie lang wir ausgehen dürfen und ob überhaupt, mit wie vielen Leuten, sie verbieten uns, am Tresen zu hocken, machen uns das Reisen schwer und so weiter. So nötig das ist, bedeutet es für jeden Einzelnen Verzicht und Unfreiheit.

Und wenn wir Pech haben, flattert uns auch noch ein »Absonderungsbescheid« ins Haus.

Das ist nur tragfähig, wenn es gerecht zugeht. Deswegen werden alle Regeln auf ihre Sinnhaftigkeit befragt und auch entsprechend unseren Gerechtigkeitsnormen gegeneinander abgewogen. Wir haben Zeit und daher können wir an jeder Maßnahme viel aussetzen. Warum haben Theater die längste Zeit geschlossen und Kabarettisten während des Großteils des Jahres praktisch Berufsverbot, während man andererseits sogar den Skitourismus ermöglichen will und Halligalli in den Sommerurlaubsgebieten zuließ? Warum erhalten Konzerne Fixkostenzuschuss, Umsatzersatz und Kurzarbeitsgeld für die Beschäftigten, sodass für viele sogar ein fetter Gewinn auf Steuerzahlerkosten herausschaut, während Arbeitslose nicht einmal sechzig Prozent ihres letzten Einkommens erhalten? Warum soll ich mich einsperren, wenn andere ihre Hinterzimmerpartys feiern, nur weil sie Freunde des Bundeskanzlers sind? Warum sind die Schulen zu, wenn in deren Falle einiges dafür spricht, sie zu schließen, aber auch einiges dafür, sie offen zu halten?

Wenn eine Seite immer nur an sich denkt, wird auch die andere Seite bald aufhören, an das Gemeinsame zu denken. Unsere Gerechtigkeitsgefühle sind stark vom Prinzip der Wechselseitigkeit geprägt, oder wie das Soziologen nennen: der Reziprozität. Man ist so lange bereit, Opfer zu bringen, wie andere auch Opfer bringen – wenn eine Seite aber nur nimmt oder provokant bevorteilt wird, dann bricht das ganze Gefüge zusammen. Pierre Rosanvallon, der französische Gelehrte, hat in seinem Buch »Gesellschaft der Gleichen« den modernen, in Demokratien sozialisierten Menschen den »Homo reciprocans« genannt. Wir reagieren hochgradig allergisch darauf, wenn wir meinen, dass es nicht gerecht zugeht. Menschen sind bereit, sich für das Gemeinwesen zu engagieren, aber sie stellen dieses Engagement sofort ein, wenn sie meinen, sie seien die Dummen, während andere ein Freispiel haben. Eine Welt, »in der mit zweierlei Maß gemessen wird und man sich als Einziger ›an die

Regeln hält«« ist, so Rosanvallon, »der Nährboden für die Entstehung sozialen Misstrauens«.

In der Kulturszene brodle es, sagte Joachim Lux, heute Direktor des Thalia-Theaters in Hamburg, früher Chefdramaturg am Burgtheater: »Aber wie gesagt nicht wegen der Maßnahmen an sich, wir sind ja keine Corona-Leugner, sondern die Lasten müssen gesellschaftlich fair verteilt werden. Und wenn man das Gefühl hat, dass das nicht der Fall ist, dann wird es schwierig. Das ist dann auch ganz schwer zu legitimeren. Es gibt ja auch schon Länder, in denen Aufruhr herrscht, weil man das nicht mehr begreift. Dieses gemeinsame Begreifen wird immer schwerer, wenn man merkt, dass die Regeln nur für einige gelten und nicht für alle.«

Aber nicht nur die Entscheidungen von Regierenden und die Regeln, die sie erlassen, gehen uns nahe. Auch das Verhalten anderer Individuen. Gesellschaft ist üblicherweise dadurch charakterisiert, dass wir mit anderen verbunden, aber zugleich von ihnen unabhängig sind, was heißt, die Fäden der Verbindung sind so lose und komplex, dass sie im Alltag den Anschein der individuellen Unabhängigkeit von Fremden erwecken. So halten wir möglicherweise die himmelschreiende Ungleichheit an Einkommen und Vermögen für zu groß und ungerecht, geben aber deshalb nicht unbedingt einer dekadenten Milliardärin die Schuld dafür, dass wir zur Monatsmitte unsere Rechnungen nicht mehr bezahlen können. Dafür sind die Dinge nicht nur zu komplex, sie fühlen sich auch ausreichend komplex an. Aber in einer Pandemie ist das anders. Jeder, der sich an Regeln nicht hält, bricht den Solidarpakt. Jeder, der sich unverantwortlich verhält, trägt dazu bei, dass ein anderer sich das Virus einfangen kann, daher kann der andere ihn ganz persönlich dafür verantwortlich halten, dass er länger Opfer bringen muss. Das fördert Gereiztheit. Es wird auch Solidarität eingefordert, wo sie sonst nicht eingefordert wird. »Dass eine Gruppe steinreicher Leute während einer Pandemie auf einer Privatinsel Party macht und zeitgleich Pfleger mit Corona-Infektion arbeiten müssen und arme Leute auf Krankenhausfluren sterben, ist genau das spätkapitalistische Endzeitszenario, nach dem ich NICHT gefragt habe«, schrieb eine Userin auf Twitter. Privatpartys in Reichengettos sind, das mag man sehen, wie man will, aber normalerweise nichts, was einen noch aufregen könnte.

Der Hintergrund: Kim Kardashian, Reality-Star, hatte eine Location in der Karibik gemietet, ihren Freundeszirkel in den frühen Morgenstunden von einem Chauffeur abholen und zum Flughafen bringen lassen. Dort erfuhr die Schar, wohin die Reise gehen sollte, wurde auf Covid-19 getestet und brach dann auf zur Sause, bei der der vierzigste Geburtstag des Stars gefeiert wurde.

In New York waren in der Hochphase der ersten Corona-Welle Superreiche auf ihre Luxusjachten geflohen, hatten diese mit Ärzten und Pflegepersonal sowie medizinischer Ausrüstung (Beatmungsgeräte) bestückt und waren in See gestochen.

In Frankreich begab es sich, dass im vergangenen Sommer die Theater mit verschiedenen ausgeklügelten Hygienemaßnahmen wieder eröffneten. Es zeigte sich dann in einem Fall, dass in den unteren, billigen Parkettplätzen die Menschen recht dicht beieinander saßen, in den oberen Rängen und Logen aber auf weitere Abstände geachtet wurde. Es kam zum Aufruhr, denn es könne doch wohl nicht sein, dass die Gesundheit der einen mehr wert ist als die Gesundheit der anderen.

Über die Klassenspaltungen während der Covid-19-Pandemie wird später noch ausführlich zu sprechen sein. Bemerkenswert ist alleine ja schon, was plötzlich als möglich und geboten, und was im Gegensatz dazu als völlig undenkbar erscheint. Dem Wirt darf man sein Lokal monatelang zusperren, dem Schauspieler die Ausübung seines Berufes verbieten – aber dem obersten Prozent der Superreichen ein Prozent von seinem Vermögen wegsteuern, das darf man offenbar nicht.

Unsere neuerdings beliebten Begrüßungsrituale können wir so betrachtet auch gleich beibehalten – sind sie doch eine ungeschminkte Illustration der »Ellbogengesellschaft«.

WIE WIR HEUTE LEBEN

Jetzt ist es nun einmal so. Das lässt sich nun einmal nicht ändern. Phrasen wie diese begleiten uns durch diese Monate, während derer wir unsere Leben einstellen, unsere Gewohnheiten anpassen – was so viel heißt wie: sie uns abgewöhnen –, während wir einfach auf Überlebensmodus schalten, ins Provisorium. Überlebensmodus: nur mehr das tun, was für die Weiterexistenz in einer modernen kapitalistischen Konsumgesellschaft nötig ist. Wie es denn gehe, fragt eine Bekannte. »Ich funktioniere«, gebe ich zur Antwort. »Das ist auch das, wovon für mich dieses Jahr geprägt ist«, gibt sie zurück. Viele Gespräche drehen sich um die Krankheit selbst, auch dann, wenn man nicht unmittelbar betroffen (also krank) ist, auch dann, wenn man nicht sonderlich besorgt, weil nicht Risikogruppe ist. Krank werden zu können ist plötzlich eine realistische Option, ein Gedanke, der alle einfach so begleitet.

»Jeder, der geboren wird, besitzt zwei Staatsbürgerschaften, eine im Reich der Gesunden und eine im Reich der Kranken«, hat Susan Sontag in »Krankheit als Metapher« notiert. Normalerweise ist das ja so: Solange man gesund ist, fühlt man sich unverwundbar, Krankheit und Tod spielen dann keine Rolle für Gemütsleben, Selbstbild und Ich-Identität. Wird man ernsthaft krank, ist man ein anderer Mensch. Plötzlich ist man kein Unverwundbarer, sondern ein Verwundeter. Bleibt man krank, verbringt man den Rest des Lebens in diesem Status. Kämpft man sich zurück vom Status des Kranken in den des Gesunden, genauer, in den des Geheilten (oder sogar des Überlebenden), dann bleibt immer ein Schatten über einem. Es ist die Eigenheit der Pandemie, dass selbst die Gesunden im Schatten der Möglichkeit der Krankheit stehen, die Gesunden potenzielle Kranke sind, man also gewissermaßen Doppelstaatsbürger ist. Die Potenzialität der Erkrankung lässt sich schließlich nicht vergessen oder verdrängen, nicht ignorieren, wenn alle Nachrichten von der Krankheit handeln, sich alle Gespräche um die Gegenwart der gesundheitlichen Gefahr oder die mit ihr verbundenen anderen Risiken drehen.

Alle machen sich heute um alle Sorgen, das ist normal, so wie wir jetzt leben. Umarmungen, Berührungen, Küsse, Gespräche, bei denen man sich lachend näherkommt, all das könnte jetzt eine tödliche Gefahr darstellen. Was weiß man, wen die Person, die ich hier jetzt umarme, noch umarmt haben könnte? Berührungen, Nähe, soziale Interaktionen, sie sind eine elementare Seite des Lebens, des Seins. Diese Berührungen verbinden diese Person und mich, aber jeden von uns auch mit vielen anderen, unbekannten anderen, »und diese große Kette des Seins ist auch eine Kette des Todes geworden«. (Susan Sontag:

»Wie wir jetzt leben«) Ein doppeltes Roulette: Wird man zu jenen gehören, die sich das Virus einfangen? Und, wenn ja, zu den vielen mit unbedeutenden Symptomen, oder zu jenen zehn Prozent, die die Krankheit so richtig niederhaut, dass man im Ernstfall sogar mit Intubationsschlauch im Hals auf der Intensivstation landet?

»... Wie ich meine Zeit absitze«, schreibt Zadie Smith in ihren Corona-Essays. »Wie ich es schon mein Leben lang tue ... Wir halten uns beschäftigt, und anschließend fotografieren wir das, womit wir uns beschäftigt haben, und stellen es nicht selten auch online.«

Wie man durch ein solches Jahr und solche Monate kommt, hängt ein wenig vom individuellen Charakter ab, aber noch viel mehr von den Lebensumständen, in denen man sich befindet. Für gut verdienende Paare mit Eigenheim und Gärtchen sieht die Lage anders aus als für eine alleinerziehende Mutter in einer kleinen Stadtwohnung, die Distance Learning mit den Kleinen und Homeoffice unter einen Hut bringen muss, oder wieder anders für die Beschäftigten in jenen Branchen, die quasi an der Front bleiben müssen: in Fabriken, Supermärkten, im Versandhandel, im Logistikzentrum der

Post, vielleicht da, wo man auch noch erhöhtem Infektionsrisiko ausgesetzt ist, und natürlich gänzlich zu schweigen von ärztlichem Personal und Pflegekräften in den Spitälern. In der Stadt sieht die Sache anders aus als auf dem Land. Und auch Stubenarrest im Lockdown fühlt sich anders an, wenn man ökonomisch noch einigermaßen abgesichert ist, als wenn man abends nicht einschlafen kann, weil man nicht mehr weiß, wie man die nächsten Rechnungen zahlen soll. Wir müssen auch die eigentümliche Tatsache zur Kenntnis nehmen, dass Unterprivilegierte manchmal lässiger mit der Seuche umgehen als Privilegierte, was, wie wir sofort ahnen, auch folgende Ursache hat: Hast du überhaupt kein Problem im Leben, ist die lebensbedrohende Seuche für dich zentral, bist du aber sowieso chronisch mit Problemen beschäftigt, plagen dich materielle Sorgen, kämpfst du täglich darum, einen schlecht bezahlten Job zu behalten, hast du vielleicht sogar schwere Flucht- und Migrationsgeschichten hinter dir, dann ist so ein Virus für dich vielleicht gefühlsmäßig zweitrangig, in jedem Fall aber nur ein Problem unter mehreren und, solange du es dir nicht eingefangen hast, eher eines deiner geringsten Probleme.

Privilegiertheit hat Wirkungen, relative Privilegiertheit auch, Armut erst recht. Und doch sind die Dinge auch nicht immer schwarz-weiß wie im Propagandafilm gegen die Klassenherrschaft. Was »privilegiert« ist, ist plötzlich nicht mehr so klar. Ist der Single, der alleine nach der Scheidung in seiner wunderschönen Villa mit Blick ins Grüne sitzt und die ganze Woche über mit niemandem redet, wirklich ›privilegiert‹ gegenüber der an sich glücklichen Familie mit zwei Kindern auf siebzig Quadratmetern? Klar, nach drei Wochen geht man gelegentlich die Wände hoch, aber welches Leid ist jetzt ärger? Die Einsamkeit des Villenbesitzers? Die Beengtheit der Familie im Winterlockdown, während dem man nicht einfach so ein Picknick im Grünen machen kann? Wäre es in einer Studenten-WG nicht gerade am lustigsten? So ganz eindeutig ist das plötzlich nicht mehr.

Innen leben ist schlecht für's Innenleben. Ich komme vom Covid-19-Test nach Hause und denke. »Ich bin jetzt nachgewiesen SARS-CoV-2 negativ, aber deswegen noch lange nicht symptomlos.«

Was jemanden belastet, wie stark und warum, das hängt von vielen Umständen ab. Eine junge Journalistikstudentin berichtete, wie um sie herum eine ohnehin fragile Welt Stück für Stück erodierte. »Daheim bei den Eltern auf dem Land fühlte ich mich wieder wie ein Kind, das gerne erwachsen wäre. ... Ich sah zu, wie die Welt um mich auseinanderfiel, aber ich konnte nichts dagegen tun. ... Es wurde von Tag zu Tag schlimmer, bis ich mich kaum noch bewegen konnte«, berichtet sie. Studien zeigten die Zunahme von Depressionen, durch Einsamkeit, Zukunftsangst, aus Angst vor der Krankheit, auch durch das Bedrohungsgefühl durch multiple Unsicherheiten und besonders wegen Kontroll- und Autonomieverlusts.

In den Niederlanden stellte ein Bauunternehmer, der sowieso auch gerade keine Aufträge hatte, seinen Kranwagen vor einem Seniorenheim auf: So konnten Angehörige ihren Partnern, Eltern, Omas, Opas auch im dritten Stockwerk wenigstens durch das Fenster zuwinken.

»Der Witwer erlebt ein zweites Witwertum. Die Rentnerin einen verfrühten Lebensabend. Und alle erfahren die Bedeutungslosigkeit all dieser Dinge im Vergleich zum ›echten Leid‹«, schreibt Zadie Smith.

Es ist ja eine der Seltsamkeiten einer solchen Zeit, dass man das eigene Leid kaum artikulieren kann, das scheint schließlich frivol, verglichen mit dem Leid der Kranken, mit dem Tod, verglichen mit den Menschen, die um Verstorbene trauern oder auch den fürchterlichen Belastungen, denen Ärzte und Ärztinnen und Pflegepersonal in den Krankenanstalten ausgesetzt sind. Es entsteht so eine Rangliste des Leids, bei der das eigene Gejammere schnell als larmoyant erscheint. Man muss sich selbst erst eingestehen, dass das eigene Leid eine Berechtigung hat, dieses Leid muss es nicht mit dem größeren Leid anderer aufnehmen können. »Aber wenn der schlechte Tag der Woche dann da ist, dieser eine Moment, in dem das eigene Leiden, so mickrig es im größeren Zusammenhang auch scheinen mag, sich absolut und ausschließlich auf uns selbst ausrichtet, als wäre es exakt darauf zugeschnitten, uns und nur uns allein zu zerstören – und der ereilt uns alle –, dann könnte es sich vielleicht doch lohnen, sich die Realität des Leidens einzugestehen …« (Zadie Smith)

Ein junger Mann, der seit seinem fünfzehnten Lebensjahr berufstätig war, dann noch ein Studium versuchte und gerade seinen Abschluss machte, berichtet: »Dieses Jahr hat nur Schlechtes gebracht. Die neue Wohnung stellt sich als

Flop heraus. Unsere Ersparnisse sind weg. Mein Traum von einem vernünftigen Job nach meinem Studium stellt sich als derzeit unerreichbar dar. Meine Freundin ist als Volksschullehrerin extrem gefordert und fühlt sich auch im Stich gelassen von der Regierung. Und wir können einfach nicht raus aus dieser Situation, weder örtlich noch mental. Wie in einem Gefängnis. (…) Ich bin relativ jung, hoch gebildet, immer gut finanziell dagestanden. Ich möchte mir gar nicht ausmalen, wie es anderen Leuten, die keine so guten Umstände haben, jetzt geht. Und doch bin ich derzeit so mit mir selbst beschäftigt.« Eine junge Gymnasiastin lacht gequält: »Wir haben nichts zu erzählen, als dass wir zu Hause herumgesessen sind.«

LANGEWEILE

Die seltsame Mixtur aus Angst, Schock und Faszination wird durch die kognitiv nicht leicht zu verarbeitende Tatsache verstärkt, dass wir zugleich das Gefühl haben, selbst inmitten einer Katastrophe zu stehen, als Opfer förmlich, und doch von dieser Katastrophe in aller Regel wenig mitbekommen. »Was werdet ihr als Erstes nach Corona tun?«, fragt eine Bekannte. »Ich gehe am Donnerstag nach Corona ins Fluc und komme am Montag wieder heim.«

Die Geschichte von Krieg und Totalitarismen lehrt uns, dass Menschen oft bereit sind, die ganze Welt in Trümmer zu schlagen, um der Langeweile zu entfliehen. Die Sehnsucht nach dem »Erleben des Außerordentlichen« (Victor Klemperer) kann recht ungesunde Auswirkungen haben. Langeweile ist leeres Verstreichen der Zeit. »Wenn alles so weitergeht, wird man an Langeweile zugrunde gehen«, heißt es in Brechts »Aufstieg und Fall der Stadt Mahagonny«. So hat auch die Katastrophe zunächst etwas Spektakuläres. Im Hausarrest, auf der Couch verliert sich das schnell. Leider ist unser »Ausnahmezustand« für viele noch langweiliger als die Normalität.

INTENSIVSTATION

Es ärgert uns Ärzte maßlos, wenn sich jemand über Homeoffice und Ausgangssperre beschwert – wie gerne hätten wir ein paar Tage zu Hause, einfach nur um durchzuschnaufen, berichtet ein Krankenhausarzt aus Wien. Die Fernsehjournalistin Corinna Milborn vom Sender *Puls-24* hatte einen Aufruf an medizinisches Personal gestartet, Erfahrungsberichte einzusenden, und ihre Postfächer liefen über.

Oder wenn sich jemand über das Tragen einer Maske beschwert – bitte seid doch mal zwölf Stunden mit FFP2, Taucherbrille und Schutzkittel unterwegs!

Ein anderer schreibt: *Die Realität ist nahe an der Hölle. Ich höre immer noch Politiker im Fernsehen sagen, dass wir zu Hause bleiben sollen, um Triage zu vermeiden. Die Wahrheit ist: Wir sind seit Wochen in der vollen Triage, und es wird jeden Tag enger. (…) Das bedeutet, dass Menschen sterben werden, die nicht sterben müssten.*

Eine Pflegerin berichtet: *Wir haben derzeit sechs Covid-Stationen. Im März waren es zwei. Die Katastrophe, die wir im März alle erwartet haben und die wir zu Recht gefürchtet haben, ist jetzt eingetreten. Nur jetzt scheint dies die Menschen »draußen« nicht mehr zu berühren. Nicht mehr zu ängstigen. Ich bin wirklich keine Freundin von Panikmache. Aber ich fand den Satz damals »Jeder wird bald jemanden kennen, der an Covid gestorben ist« nicht so verwerflich wie viele. Der Satz hat sich eingeprägt und die Menschen geschreckt. Das hat eine Änderung in ihrem Verhalten bewirkt. Blöd, dass er zu früh abgefeuert wurde. Denn jetzt wäre er berechtigt.*

Betten auf der Intensivstation bekommen nur mehr Menschen unter einem bestimmten Alter.

DISZIPLIN

Der Seuchenstress schlägt sich nicht nur auf das Gemüt, sondern auch auf die Sprache. Mit Massentests können wir Infizierte aus der Bevölkerung »herausfischen« und »isolieren«, wird salopp kommentiert, als hätte die Staatsführung ein Netz, mit dem sie uns wie kleine Fischchen aus dem Teich herausholt, und dann zappeln wir im Netz, wissen nicht, wie uns geschieht, aber das ist ja nicht nötig, denn die Weisheit der Behörden hat einen großen Plan. Sie schnappt uns am Kragen und steckt uns ins Körbchen.

Manchmal werden wir mit Lob bedacht, dass sich die Bevölkerung – oder auch nur Teile von ihr – »diszipliniert« verhalten. Und auch wenn wir keine unverantwortlichen Falotten sein wollen, so wollen wir doch nirgends »herausgefischt«

werden und wir reagieren auch allergisch darauf, wenn wir »diszipliniert« oder wie Kleinkinder behandelt werden. Ich persönlich sehe mich lieber als jemanden, der sich aus freien Stücken verantwortungsvoll und vorsichtig verhält und weniger gerne als »diszipliniert«. Das Wort hat mindestens einen Beiklang der Freudlosigkeit. Eigentlich klingt es verdammt nach Untertan. »Diszipliniert«, das sind Soldaten beim Exerzieren, die im Gleichschritt marschieren. Diszipliniert, das sind umerzogene Figuren, denen man ihre Eigenheiten abgewöhnt hat. Dass wir in der normierten Massengesellschaft genau das bisweilen sind, macht die Sache nicht besser. Gerade an diese unschöne Seite unserer Existenz wollen wir dann umso weniger erinnert werden, bilden wir uns doch auf unsere individuelle Eigensinnigkeit recht viel ein.

Der Habitus der Regierenden korrespondiert im schlimmsten Fall mit diesen Metaphoriken: Der Gesundheitsminister lobt und spornt zu weiteren Bemühungen an, wie der Lehrer, der gerade eine Zwei in Betragen verteilt, der Innenminister dagegen schreit, was ohne Zweifel in seiner Natur liegt, aber bei den Österreicherinnen und Österreichern doch das Gefühl erzeugt,

»wenn ihr nicht brav seid, dann holt euch der böse Nehammer«.

Aber es hilft ja nichts. Auch wenn die pure Vernunft nichts ist, mit dem man zu emotionalen Höhen im Leben kommt, so ist die »Intensität« des Lebens in Seuchenzeiten von der Gefahr begleitet, einen auf die »Intensivstation« zu bringen, eine Örtlichkeit, die toller klingt, als sie ist. Also bleiben wir besser beim pausbäckigen Ratschlag an uns selbst, »vernünftig zu sein«. Es ist vernünftig, während einer Pandemie vorsichtig zu sein, sich selbst zu schützen und damit auch die älteren Familienangehörigen. Freilich, mit der Sprache hören die Probleme nicht auf. Eine der Eigenarten von uns Menschen ist, dass wir das eigene Verhalten gerne als vernünftig ansehen und dabei mit uns selbst nicht allzu streng sind – während andere, zumal Unbekannte, da auf weniger Nachsicht rechnen können. Kennen wir ja: Mit niemandem sind wir nachsichtiger als mit uns selbst. Verhalten wir uns daneben, fällt uns sofort eine endlose Liste mildernder Umstände ein. Das gilt auch für die Zeit der Ansteckung: Ich bin ja vernünftig, ich treffe ja nur Tante Erna, Oma Hildegard und meine fünf besten Freunde, und die sieben kenne ich ja genau. Bei denen weiß ich ja, die sind vorsichtige Leute und waschen sich sogar dreimal am Tag die Hände. Aber bei den Fremden, bei denen weiß man nicht so genau.

Dass man die eigene Umgebung für sicherer hält als die der anderen, diese Eigenart hat Werner Bartens in der *Süddeutschen Zeitung* herrlich beschrieben. Motto: »Treiber der Pandemie? Ich doch nicht.« Dummerweise ist gerade dieses falsche Sicherheitsgefühl der Treiber der Pandemie. Mit Erstaunen stellen wir fest, dass Millionenstädte oft besser durch die Krise kommen als ländliche Gegenden. Wo jeder jeden kennt, hat es das Virus leicht. Es liebt falsches Sicherheitsgefühl. Die Forschung zeigt, dass auch der Charakter einen Einfluss hat. Wer sich selbst für einen tollen Typen hält, fühlt sich auch oft unverwundbar und sicher. Wer mit Gigantomanie durchs Leben geht, wird dabei von einer Kontrollillusion begleitet, also dem trügerischen Gefühl, alles im Griff zu haben. Depressive oder eher ängstliche Personen reagieren anders. Bartens: »Sie überschätzen nicht permanent ihre Fähigkeiten, sondern rechnen damit, immer die Opfer zu sein und den notorischen Dachziegel auf den Kopf zu bekommen. Sie bewerten ihre

Infektionsgefahr als höher als die Nicht-Depressiven.« Traurige seien also oftmals klüger und kommen »zu einer realistischeren Einschätzung der Realität. Für den Kampf gegen die Pandemie ist das eine geradezu trübsinnige Pointe: Die seelische Verstimmung in Zeiten der Seuche könnte dabei helfen, sie besser zu überstehen.«

DIE EINFACHEN LEUTE

Stoisch liege ich im Hausarrest auf dem Rücken, rauche, interessiere mich für all die Seltsamkeiten und lese mich durch andere Jahrhunderte. In der *Weltbühne* vom Januar 1919 finde ich eine kleine Glosse von Alfred Polgar über »die kleinen Leute«, die das Werk am Laufen halten, mag rundum auch alles zusammenbrechen. Der Erste Weltkrieg war gerade zu Ende, Europa lag in Ruinen, die Spanische Grippe wütete, die Monarchien wurden hinweggefegt und durch wackelige Demokratien ersetzt, in Österreich, in Deutschland. Dennoch geht, schreibt Polgar, »das Leben seinen Gang weiter. Die Anständigkeit der kleinen Leute bewirkt solches Wunder.« Der Hausmeister liegt auf den Knien und scheuert das Stiegenhaus, Straßenbahnfahrer, Rauchfangkehrer, alle tun weiter, als wäre nichts, »der Briefträger schleppt sein Postsäckchen treppauf, treppab«.

Im Wirrwarr der Welt ändert sich im Leben der normalen Leute doch recht wenig, und deswegen sind sie es, die für »Stabilität« sorgen. Es sind keine Politiker, die große Sprüche schieben – »Koste es, was es wolle« –, sondern die vielen ganz normalen Leute, die die wankenden Pfeiler gerade halten. Über große Wichtigtuer-Figuren, die anscheinend Berichtenswertes leisten, liest man dann zwar fette Schlagzeilen in den Zeitungen, aber die meisten dieser bedeutenden Männer (mittlerweile sind auch ein paar Frauen dazu gekommen), sind mit Recht sehr bald wieder vergessen. »Von den Gnaden der kleinen Leute leben wir«, schreibt Polgar. Sie sind für eine Gesellschaft das, was die Sonne für unser Biosystem ist: Sie gewährleisten »die Urbedingungen des sozialen Seins«. Statt irgendeines großen Staatsmannes oder bedeutenden Dichters, schreibt Polgar, wolle er sich am liebsten die Büste seines Briefträgers auf den Schreibtisch stellen.

Die ganz normalen Menschen, oder vielleicht besser, die arbeitenden Klassen, halten all das aufrecht, was die Bedingungen unserer Existenz ausmacht, die Infrastruktur, die Versorgung. Sie sorgen dafür, dass nicht alles den Bach runtergeht, ganz ohne »Heldentum«, sie erarbeiten unseren Wohlstand. Und dann gibt es natürlich auch noch die Helden des Alltags, wie wir jetzt sehen, Ärztinnen und Ärzte, Pfleger und Pflegerinnen, das Putzpersonal in der Klinik, die Zivildiener in Betreuungseinrichtungen oder auch in Notspitälern, die allesamt sogar ihr Leben riskieren und dennoch nicht davonlaufen. »Auf einmal danken die Menschen Gott für ›systemrelevante Arbeitskräfte‹, von denen sie bisher keine sonderlich hohe Meinung hatten.« (Zadie Smith)

Für alle wurde applaudiert, aus den Fenstern und von den Balkonen, während wir daheim herumsaßen und mit der narzisstischen Kränkung zurande kommen mussten, nicht »systemrelevant« zu sein, oder wie es den einen oder anderen beschlich, eigentlich völlig nutzlos.

Die, die jetzt gebraucht wurden, verrichteten Tätigkeiten – und stammten aus jenen Bevölkerungsgruppen –, die meist eher schlecht bezahlt sind, werden oft eher achtlos behandelt, liegen nicht im Spitzenfeld des gemeinhin anerkannten Reputationsrankings, müssen sich weiter in öffentlichen Verkehrsmitteln und dann in Fabriken zusammendrängen und arbeiten nicht selten sogar in schlecht abgesicherten, prekären Jobs. Pandemieausbrüche in Fleischfabriken, bei Erntehelfern oder nagelneuen Hightech-Postverteilzentren gerieten in die Schlagzeilen und damit auch Arbeitsbedingungen, von denen ansonsten eher wenig Notiz genommen wird. Man hörte gar, dass die Pandemie wie ein Scheinwerfer ausleuchtet, was sonst übersehen wird. Ein wenig ist das Unfug, denn all das konnte man vorher auch wissen. Es war die »alte Normalität«, die gerne verdrängt wurde, weshalb auch die Frage erlaubt sein muss, ob es denn wirklich so erstrebenswert ist, zu dieser Normalität zurückzukehren. Aber bald wurde auch noch eine krassere Wahrheit sichtbar: Arm und krank gehören zusammen. Und auch das Virus ist nicht demokratisch. Wie zu Zeiten von Typhus und der Schwindsucht waren die Menschen mit niedrigem Einkommen und sozialem Status und die ärmsten, engsten Viertel am härtesten betroffen.

Wie auch schon in früheren Zeitaltern verbreitete sich die Epidemie in zwei Etappen. Simpel gesagt: Erst stecken sich die Reichen an, dann wütet sie unter den Armen. Das hat eine innere

Logik: Über den Erdball wird das Virus zunächst von den eher wohlhabenden, mobilen Leuten getragen, und dadurch auch in die Kreise ihresgleichen. Früher die Kaufleute (und natürlich auch Soldaten oder die Besatzung von Handelsschiffen), heute die Geschäftsreisenden und die Touristen, die sich Fernreisen leisten können. Die Skiurlauber in Tirols Tourismusregionen etwa, die für zwei Wochen Hotel und Pistengaudi schon einmal zweitausendfünfhundert Euro berappen müssen. Ein reicher Ort wie Ischgl wurde paradigmatisch für diese erste Phase. In der zweiten Phase verbreitet sich das Virus aus den ursprünglichen Hotspots über die gesamte Gesellschaft und wütet dort am furchtbarsten, wo es am leichtesten von Wirt zu Wirt springen kann. Und das ist da, wo trotz Anti-Pandemiemaßnahmen die Menschen weiter eng aneinander arbeiten, wo die Wohnverhältnisse so sind, dass ein Infizierter ziemlich sicher seine gesamte Familie ansteckt. Die Hamburger *Zeit* hat die Studien, derer man schon habhaft werden kann, minutiös zusammengetragen.

Die Menschen in systemrelevanten Berufen, die also jeden Tag nach draußen müssen, haben häufiger weniger Einkommen und daheim überproportional weniger Platz. »Jene, die zu wenig Platz haben, wurden in Frankreich zweieinhalbmal so oft krank.« In den ärmeren Vierteln gab es, so wiesen Mobilfunkbetreiber nach, während der Lockdowns die meisten Bewegungen. Hier müssen die Menschen zur Arbeit gehen und können sich die Einkommensausfälle nicht leisten, die mit Quarantäne verbunden sind, weshalb sie sich oft auch bei Symptomen nicht testen lassen. Wird ein Kind krank, vermeidet man die Testung, damit die Geschwister weiter zur Schule und die Eltern weiter zur Arbeit gehen können. Wer atypisch beschäftigt ist, hat auch in den großzügigsten Sozialstaaten meist keinen Anspruch auf Krankengeld. »Warum soll ich zu diesem Massentest gehen?«, fragt eine prekär beschäftigte Freundin, als in Österreich das Screening der Bevölkerung anläuft. »Wenn ich positiv getestet werde, muss ich in Quarantäne und habe zwei Wochen kein Einkommen. Das wäre eine Katastrophe für mich.« Gutsituierte dagegen verbringen den Lockdown womöglich im Landhaus mit Auslauf und pfeilschnellem Internet. Homeoffice geht auch von der Weide aus.

»Während gut ein Viertel der Pariser in ihre Landhäuser flüchtete (…), haben die Bewohner der Türme des sozialen Wohnbaus in Saint-Denis und Clichy-sous Bois keine Möglichkeit, der Enge zu entkommen. (…) Die Übersterblichkeit beträgt dreiundsechzig Prozent. In den dicht bevölkerten Vierteln ist Abstandhalten schwierig, kinderreiche Familien mit Migrationshintergrund leben auf engem Raum zusammen. Ist ein Mitglied infiziert, sind es bald schon weitere.« (Langbein) »Quatre-Vingt-Treize« – dreiundneunzig – nennen die Bewohner die Region, salopp nach der Nummer des Départements. Postleitzahlen sind Risikofaktoren. Kennen wir auch aus Wien. Dass der sozialökonomische Status und die Gesundheitsrisiken in Wien 1200 andere sind als in 1080, weiß der informierte Stadtbewohner beim ersten Blick auf die Ziffern.

Ärmere sind überdurchschnittlich Opfer des Virus, die daraus folgende Stigmatisierung und behördliche Beamtshandlung macht sie oft auch noch zum doppelten Opfer. Im konservativ regierten Madrid wurde in der zweiten Welle die Quarantäne für die am stärksten betroffenen Stadtviertel verhängt – und das waren, welch Wunder, nicht die Nobelbezirke. Die »Quarantäne für Arme«, der knapp neunhunderttausend Menschen unterworfen waren, sorgte für regelrechte Aufstände. Besonders pikant: Um zur Arbeit zu fahren, durften die Bewohner ihre Barrios schon verlassen, schließlich braucht der Kapitalismus ja die »gefährlichen Klassen« als billige Arbeitskräfte. Pech hatten die, die von wohlhabenden Spaniern illegal schwarz beschäftigt waren, etwa als Haushaltshilfen. Die konnten keine offiziellen Passierscheine beantragen. Sie mussten sich täglich wie illegale Einwanderer aus ihrem Viertel hinausstehlen und wieder zurückschleichen. In der Gesundheitskrise zeigt sich die Klassengesellschaft von ihrer allerhässlichsten Seite. Klassen-Apartheid, die »ungerecht ist und nicht toleriert werden darf«, so der linke Politiker Íñigo Errejón.

Ärmere sind aber nicht nur höherem Infektionsrisiko ausgesetzt, sie werden auch häufiger schwer krank und sie sterben auch häufiger. 114,3 Tote kommen auf hunderttausend schwarze US-Amerikaner. Bei der weißen Bevölkerung sind es 61,7 Prozent. Der Grund sind die sozioökonomischen Risikofaktoren, die im Durchschnitt der schwarzen Bevölkerung höher sind als bei Weißen. »Wir wissen mit Sicherheit: Je ärmer die Gegend ist, desto höher ist dort die Covid-19-Sterberate«, sagt der Londoner Epidemiologe Michael Marmot. Bei den britischen Hilfsarbeitern war die Mortalität besonders hoch, bei Putzmännern etwa, oder bei Arbeitern auf Baustellen – und zwar beinahe viermal so hoch wie unter Akademikern.

Wer von morgens bis abends schwere körperliche Arbeit verrichtet, hat oft Vorerkrankungen, wer herumkommandiert wird, leidet darunter, wer wenig Geld hat, kann sich einen gesunden Lebensstil und ordentliches Essen oft nicht leisten, und wer sowieso genug Stress und Probleme im Leben hat, geht auch nicht unbedingt zur Gesundheitsvorsorge. Der Druck, der mit materiellen Sorgen einhergeht, verursacht chronische Herz-Kreislauf-Erkrankungen, und in ärmeren Milieus sind die Menschen häufiger übergewichtig. Auch Männlichkeitsbilder sind noch stärker an den traditionellen Normen der Arbeiterklasse orientiert, was nicht immer zu einem gesunden Lebensstil beiträgt, und der niedrigere Bildungsgrad beeinflusst Risikovermeidung ebenso.

Forscher nehmen sogar an, dass das nicht nur Einfluss auf den Krankheitsverlauf und die Sterbewahrscheinlichkeit im Falle einer Infektion hat, sondern auf die Wahrscheinlichkeit einer Infektion selbst. »Nehmen wir an«, schreibt die

Zeit-Autorin Anna Meyr, »eine Leiharbeiterin und ein Universitätsprofessor im gleichen Alter saßen mit einem Corona-Positiven in einem Raum und unterhielten sich. Sie wären gleich weit von ihm entfernt und bleiben gleich lang dort. Die Chancen stünden gut, dass sich die Leiharbeiterin infizierte, der Professor hingegen nicht. Ihr Körper kann sich einfach schlechter gegen das Virus wehren als seiner.«

In Österreich machte man bei Untersuchungen über die Ansteckungsgefahr unter Schülern interessante Entdeckungen. Zwischen Volksschülern und den Mittelschülern und Gymnasiasten gab es kaum signifikante Unterschiede, auch Lehrkräfte waren nur unwesentlich häufiger infiziert als Schüler. Aber einen signifikanten Unterschied gab es. In Schulen mit hoher oder sehr hoher sozialer Benachteiligung gab es beinahe ein vierfach höheres Infektionsgeschehen als in solchen mit geringer oder moderater Benachteiligung. Unterschieden sind sie nach einem Index, der soziale und ethnische Zusammensetzung erfasst, den höchsten Bildungsgrad der Eltern und andere berufliche Kategorien. »Die Studienergebnisse bedeuten, dass in benachteiligten Schulen die Wahrscheinlichkeit, eine asymptomatisch infizierte Person zu finden, um über 3,5-mal wahrscheinlicher war«, so der Wiener *Standard*.

Die Unterprivilegierten sind höherem Risiko ausgesetzt, halten den Kopf hin und den Betrieb noch aufrecht, während Mittelschicht und Oberklasse sich in Sicherheit bringen. Wo stehen eigentlich die Denkmäler für die Krankenschwester Jennifer? Wo gibt es eine Gedenktafel für den Fleischhauer Pospisil? Wo ist eine Straße benannt nach Ibrahim, dem Paketzusteller?

STATISTIK UND EUGENIK

Die Krankheit ist ein individuelles Leid, die Volksgesundheit eine Statistik. Wenn der erste Schock einmal überstanden ist, dann wird auf Zahlen gestarrt und über deren Interpretation gestritten. Als die Pandemie aus Wuhan zu uns herüberschwappte, fehlte es an verlässlicher Erfahrung. Alles, was wir wussten, war: Die Krankheit ist verdammt ansteckend (deutlich ansteckender als die Influenza, aber viel weniger als Masern), extrem tückisch (da viele Infizierte asymptomatisch sind, aber dennoch eine hohe »Viruslast«

ausscheiden, also ansteckend sind), und sie ist relativ tödlich (rund zehnmal tödlicher als die Influenza, wie man anfangs schätzte). Hinzu kommt: Es gibt keine Grundimmunität der Bevölkerung und keine Impfung. Realistische, keineswegs alarmistische Rechnungen gingen so: Lässt man die Pandemie laufen, werden siebzig Prozent der Bevölkerung im Laufe eines Jahres in Kontakt mit dem Virus kommen, also sich infizieren. Davon kommen zehn Prozent ins Krankenhaus, ein Prozent wird sterben. Auf Österreich umgelegt wären das etwas mehr als sechs Millionen Infizierte, sechshundertzwanzigtausend Hospitalisierte und zweiundsechzigtausend Tote. Und die Bilder aus den Ländern, die am härtesten von der ersten Welle getroffen waren (Italien etwa), schienen diese Zahlen ja zu stützen. Mit der Zeit ergaben Studien genauere, wenn auch nicht klarere Bilder. Wir alle machten einen Grundkurs in Virologie, Biologie, Epidemiologie. Die Epidemiologie zeigte uns, dass nur wenige der Infizierten wirkliche Superspreader sind, ein Großteil der Infizierten aber überhaupt niemanden anstecken, was die rein mathematischen Modelle der Ausbreitung etwas unbrauchbar machte. Das Virus ist schlecht in Mathematik.

Das Virus verhält sich einfach anders als eine Kugel, die über den Billardtisch saust und immer neue Kugeln anstupst, die wieder andere Kugeln anstupsen. Die Infektionsdynamik geschieht über Cluster, die sich um besonders infektiöse Personen bilden. Besonders infektiös ist man nicht nur aufgrund persönlicher Eigenarten, sondern etwa wegen der Art der Berufsausübung: Wer, wie Barkeeper oder Gymnastiklehrerinnen, in engen, lauten, ungelüfteten Räumen, über längere Zeit laut – beinahe schreiend – mit anderen verbringt, wird viele anstecken; wer eher stumm nur kurze Kontakte hat, wird eher niemanden außerhalb des eigenen Familienkreises infizieren. Kinder können sich infizieren und auch andere anstecken, doch die Erfahrung zeigte, dass die Gefahr erheblich kleiner ist. In Bevölkerungsgruppen, in denen vierzig Prozent der Erwachsenen infiziert waren, waren es nur rund fünfundzwanzig Prozent der Kinder. Und auch die Fallsterblichkeit erwies sich schon sehr bald als niedriger als zu Beginn vermutet. Die Infektionssterblichkeit ist wohl noch einmal um die Hälfte niedriger, liegt vielleicht bei 0,3 oder 0,5 Prozent. Auch das haben wir gelernt: Fallsterblichkeit meint den tödlichen Ausgang pro entdecktem Fall, die Infektionssterblichkeit berücksichtigt auch die Dunkelziffer jener, die infiziert werden, aber unerkannt bleiben. Theoretisch hätte das in Österreich also bedeutet, dass bei einem ungebremsten Infektionsgeschehen und einer Infektionssterblichkeit von 0,4 Prozent vielleicht 30.000 Menschen gestorben wären. Aber auch hier ist die Statistik eine Falle, denn wie wir ebenso gelernt haben, hängt die Sterblichkeit sehr stark von der Funktionstüchtigkeit des Gesundheitssystems ab. Gibt es mehr Fälle, bricht das Gesundheitssystem zusammen, steigt auch die Sterblichkeit. Je mehr Erkrankte, umso tödlicher die Krankheit.

Wir wissen noch immer nichts über das Virus!, klagten manche daher nach einigen Monaten, was natürlich falsch ist. Wir wissen genug. Dass wir vieles nicht ganz exakt wissen, heißt ja nicht, dass wir nichts wissen. Wir wissen nicht, ob dreißigtausend oder sechzigtausend Menschen sterben würden, aber wir wissen natürlich, dass es nicht zehntausend oder eine halbe Million wären.

Wir merkten auch, wie schlecht wir Ungewissheit aushalten. Die einen sagten so, die anderen sagten anders, und wir hätten gerne exakte

Informationen gehabt. Aber wir waren mit »relativer Ungewissheit« konfrontiert, die zwar zugleich »relative Gewissheit« ist, sich aber verwirrend anfühlte.

Zu den emotionalen Seltsamkeiten dieses Jahres gehört somit, was wir neuerdings das »Präventionsparadox« nennen. Wenn richtige Maßnahmen wirken, erwecken sie den Eindruck, unnötig gewesen zu sen. Wenn weniger Menschen sterben als befürchtet, führt das dann skurrilerweise nicht zu Aufatmen, sondern zu Wut auf jene, die die Maßnahmen verhängten, die sich so scheinbar als übertrieben herausstellten. Als wäre es eine empörungswürdige und nicht erfreuliche Tatsache, dass weniger Leute sterben als befürchtet. »There is no glory in prevention«, hat Christian Drosten, der Popstar unter den Virologen, schon vorhergesagt, als die Präventionsmaßnahmen noch weitgehend unumstritten waren. Wer sie verhängt und damit erfolgreich ist, wird dafür keinen Ruhm ernten.

Von da weg war es nicht mehr weit zu zynischen Kalkulationen, zur Gefühlskälte der Eugenik. Menschen sterben nun einmal, wurde gesagt. Es sterben sowieso in der großen Mehrzahl ältere Leute über siebzig, von denen zwar viele vielleicht noch zehn oder zwanzig Jahre zu leben gehabt hätten, manche aber vielleicht nur mehr zwei oder drei. Volksgesundheitspolitik, oder wie man heute eleganter sagt, »Public Health«, habe die Bevölkerung als Ganzes so gesund und fit wie möglich zu halten, aber doch nicht jedes einzelne Leben zu retten. Zumal auch Maßnahmen, die die einen retten, andere töten können. Konzentriert sich das Gesundheitswesen zu sehr auf die Corona-Bekämpfung, sterben vielleicht Herzinfarkt- und Schlaganfall-Patienten. Würgt man die Wirtschaft ab, nur um zwanzigtausend Menschenleben zu retten, bezahlen dafür andere einen Preis an künftigem Wohlstand, werden arbeitslos, werden von Geldsorgen zerfressen, was ihre Lebenserwartung auch reduziert. Wer depressiv wird, stirbt früher. Wer ganz depressiv wird, bringt sich vielleicht um. Wie viele Gerettete stehen auf der einen Seite der Gleichung, wie viele Tote auf der anderen?

Von der Statistik, so sahen wir mit Ekel und Erstaunen, ist es oft nur ein kleiner Schritt zur Eugenik, also zur zynischen Abwägung, welches Leben wert ist, gerettet zu werden, und wen man eigentlich sterben lassen könnte. Nachdem wir in den vergangenen Jahren schon ernsthaft darüber zu diskutieren begannen, ob es vertretbar sei, Flüchtende ertrinken zu lassen, diskutierten wir jetzt darüber, ob man Alte ersticken lassen soll. Schließlich darf es ja, so ist zu hören, keine »Denkverbote« geben. Von da ist es nicht mehr weit zur Empfehlung an Angehörige der Risikogruppen, ihr sozial verträgliches Frühableben zu erwägen. Ein republikanischer Vizegouverneur von Texas erlangte zweifelhafte Berühmtheit, als er meinte, Großeltern wären bereit, für ihre Enkel zu sterben. Heldenhafte Großeltern würden das tödliche Virus doch in Kauf nehmen, wenn so verhindert werden könnte, dass sich die wirtschaftlichen Aussichten für ihre Enkelkinder verdüstern.

Besonders zynisch wirkt das dann, wenn wirtschaftliche Erwägungen und das Sterben gegeneinander aufgewogen werden. Der Homo oeconomicus und der Kapitalismus sind also bereit, Omi und Opi zu opfern, nur des Wirtschaftswachstums wegen. Und waren die Lockdowns nicht auch so zugeschnitten, dass alles verboten war, was Spaß im Leben bedeutet, während fast alle weiter in die Büros, Fabriken und Baustellen trotteten? Plötzlich sollten wir nur mehr für die Wirtschaft leben und alle anderen Aktivitäten –

ja, das eigentliche Leben – einstellen. Die große Anklage wurde laut: »Zählt der Mensch denn nichts mehr und nur mehr das Kapital?!«

Das ist ein etwas hohles Empörungspathos. Denn es ist ja unbestreitbar, dass eine schwere Wirtschaftskrise auch viele Menschenleben kostet. Die Finanzkrise und die darauf folgende Wirtschaftskrise vor zehn Jahren forderte viele Opfer, einerseits aufgrund der Sparpolitik im Gesundheitswesen, andererseits aufgrund des psychischen Drucks, dem Menschen ausgesetzt sind, die materiell vor dem Nichts stehen. Untersuchungen zeigen, dass in Griechenland die Säuglingssterblichkeit um dreiundvierzig Prozent und die Zahl der Selbstmorde um fünfundvierzig Prozent zugenommen haben. Mehr Menschen wurden schwer krank, und von den Schwerkranken starben mehr. Die Lebenserwartung in Griechenland ist um zwei Jahre gesunken. Für Großbritannien ergeben Schätzungen, dass die Krise hundertzwanzigtausend Menschen das Leben kostete.

Eine der größten vorstellbaren Belastungen ist die Angst um die materielle Existenz, das Einkommen, den Arbeitsplatz. Deshalb ist das Argument, man müsse Opfer im sozialen Alltag bringen, um Unternehmen zu retten, natürlich vermittelbar. Wenn aber jede Entscheidung, die man trifft, Menschenleben kostet, wie entscheidet man dann? Vor allem, wenn man zwar »irgendwie« weiß, dass das so ist, aber die Zahlen natürlich unbekannt sind, man also unter Bedingungen von Ungewissheit entscheiden muss?

Solche Trade-Offs, wie das in der Fachsprache heißt, treffen Gesellschaften natürlich immer, auch wenn das in der normalen Normalität praktisch niemals auffällt. Wir verbieten den Autoverkehr nicht, trotz der Todesopfer. Wir bauen Häuser, obwohl Bauarbeiter dabei zu Tode kommen. Würden wir die Mobilität einstellen und keine Häuser mehr bauen, dann würden zweifelsohne weniger Menschen aufgrund dieser Aktivitäten zu Tode kommen. Aber sie hätten auch weniger Einkommen, der Staat damit weniger Steuern, folglich gäbe es ein schlechteres Gesundheitssystem, und ohne Wohnungen würden die Leute natürlich erfrieren.

DAS BEDÜRFNIS NACH SICHERHEIT

Der Wiener Gesundheitsstadtrat spricht von der Pandemie als einem »Naturereignis«, ausdrücklich im Glauben, dass man den Bürgerinnen und Bürgern reinen Wein einschenken solle: Es gibt Dinge, die haben auch die in den Kontrollzentren nicht mehr unter Kontrolle. Unter Normalbedingungen haben wir in modernen, gut verwalteten Wohlfahrtsstaaten die Überzeugung, nein mehr, die innere Gewissheit, die uns zur zweiten Natur wird, die trügerische Gewissheit, dass es für alles Regeln und Pläne gibt und nie etwas außer Kontrolle gerät. Haben wir Pech im Leben, gibt es dafür die Sozialämter, werden wir krank, gehen wir zum Arzt, der leitet dann das Notwendige in die längst geplanten und routinierten Wege. »Wir haben uns daran gewöhnt, dass es diese Sicherheit gibt: Immer sicherere Autos, mehr Brandschutz, sinkende Gewaltkriminalität, Risiken werden kleingeredet und heißen dann Restrisiko«, sagt Ute Frevert. »Deshalb reagieren wir panisch, wenn etwas Unvorhergesehenes in unsere geordnete Welt einbricht und

Unordnung stiftet. Früheren Generationen waren Erwartungen an absolute Sicherheit fremd.« Das Bedürfnis nach Sicherheit ist freilich ein Gefühl mit langer Geschichte. Chronische Unsicherheit raubt Menschen Handlungsfähigkeit. Die großen Phasen von Moderne, kulturellem Aufbruch und Fortschritt waren sehr oft jene, in denen ein Gefühl steigender Sicherheit herrschte. Im persönlichen Bereich ist eine ganze Industrie dafür da, uns Sicherheit zu geben. Das Versicherungswesen verdankt dem seine Existenz.

Wo die Kontrolle verloren geht, muss zumindest Kontrolle simuliert werden. Regierungen setzen dann Handlungen, egal ob sie etwas bewirken, allein der Eindruck zählt, dass sie handlungsfähig sind. Mit Staunen erfahren wir, dass das auch ein medizinisches Prinzip ist. Ist jemand krank, muss selbst der ratlose Arzt eine Aktivität setzen, plauderte der Chef der österreichischen Gesundheitsagentur AGES aus der Schule. »Wichtig ist, dass irgendeine Handlung gesetzt wird.« Hauptsache, die Handlung schadet nicht, dann kann sie ja immerhin den berühmten Placebo-Effekt entfalten. Alleine *dass* irgendetwas getan wird, beruhigt den Patienten und hilft ihm.

Vielleicht brauchen wir Menschen dieses Gefühl von Sicherheit und Normalität so sehr, dass wir Unsicherheit und Ab-Normalität negieren müssen, ignorieren und manche von uns sogar aggressiv dementieren. Womöglich ist das der eigentliche Antrieb von Corona-Leugnern und Verschwörungsschwurblern. Menschen hängen so sehr an Status quo und Normalität, dass sie sich eine Veränderung dieser Realität und den Einzug von Unsicherheit vom Leib halten müssen.

»Wir sind soziale Geschöpfe ... Wir bekommen Panik, wenn Leute rund um uns herum Panik bekommen«, schreibt Elif Shafak. »Die Welt, die wir augenblicklich beleben, ist eine, die unseren Sinn der Verwundbarkeit verschärft. Es fühlt sich beinahe an, als hätten wir über nichts eine Kontrolle.«

Die Schwester der Sicherheit ist die Evidenz. Wir wollen nicht nur, dass Politiker etwas tun, sondern auch, dass sie wissen, was sie tun, und dass sie irgendwie vorweg messen können, welche Wirksamkeit dieses Tun haben wird. Wir haben oben schon beschrieben, dass Politik gut daran tut, sich in die Routinen unseres Alltags nicht allzu penetrant einzumischen, dass aber gerade das in Zeiten der Ansteckung getan werden muss. »Zur Politik der Macht gehört es (…), sich nicht allzu weit vom Gewohnten zu entfernen«, schrieb Niklas Luhmann, der kühl-passive Beobachter der Selbstbewegungen und inneren Logiken der gesellschaftlichen Systeme. Im System Politik muss aber, schon in Normalzeiten und mehr noch in Ausnahmemomenten, entschieden werden, »das Unbekanntsein der Zukunft« ist zugleich aber die »unentbehrliche Ressource des Entscheidens«. In komplexen Gesellschaften hat das System Politik dazu aber mehr Umweltdaten zu berücksichtigen »als es berücksichtigen kann«, weshalb jeder Entscheider am Ende Schemata verwenden muss, »um das, was er nicht weiß, ignorieren zu können«. Es ist gleichsam das Wesen der Entscheidung, dass sie auf Basis von Ungewissheit und unvollständiger Information getroffen wird. Wäre alles klar und genau berechenbar, könnte jeder Computer für uns die beste denkbare Möglichkeit auswählen. Vielleicht braucht man dafür Politiker, einfach damit da jemand ist, der eine solche Dezision treffen kann. Besonders sichtbar ist das in Konzernen. Der CEO, der Vorstandsvorsitzende, ist in jeder Thematik inkompetenter als seine im jeweiligen Fach gewieften Abteilungsleiterinnen. Er weiß nur grob Bescheid. Seine eigentliche Existenzberechtigung ist, dass er der ist, der die Entscheidung fällt. Das ist quasi sein Beruf: »Entscheider«, zwangsläufig auf Basis unvollständiger Informationen.

Politik ist in der Pandemie gezwungen, sich vom Gewohnten zu entfernen und Forderungen zu stellen, die man nicht – »sowieso« – erbringt. Sie »nervt« folglich. Zugleich muss sie ihre nervigen Forderungen begründen, kann das aber nicht ausreichend, da in einer komplexen Gesellschaft das Wesen der Entscheidung gerade darin liegt, dass die Zukunft unbekannt ist und daher auch nicht genau klar ist, was die Entscheidung exakt bewirkt. Politik kann eben gerade nicht alle denkbaren Umweltdaten berücksichtigen. Die Dinge »sind« auf eine bestimmte Weise und Entscheidungen werden getroffen, aber es herrscht der – und sei es nur intuitive – Verdacht vor, dass es auch genau andersherum sein könnte. Auch das ist eine Quelle für Verschwörungstheorien, die dann mit der Behauptung kommen: Die nicht berücksichtigten Umweltdaten wären genau das, was wesentlich, aber vor uns verschwiegen wäre.

Evidenz wird gefordert, die Entscheidungen

transparent machen solle. Fehlt diese Evidenz, wird schnell gefolgert, dass die zugrunde liegenden vagen Annahmen falsch seien. Aber das ist natürlich auch wieder Unfug. Im Englischen gibt es dafür eine schöne Wendung: »Absence of evidence is no evidence of absence.«

Weniger elegant können wir übersetzen: Fehlt der Beweis für eine Sache, ist das noch lange kein Beweis dafür, dass die Sache nicht existiert. Die Ungewissheit, sie ist auf Schritt und Tritt unsere treue Begleiterin.

GENUSS UND SCHMERZ, SÜNDE UND BUSSE

»Wie blind und ignorant ich war«, schreibt der New Yorker Fotograf und Autor Bill Hayes in seinem Buch »How We Live Now. Scenes from the Pandemic«. Ignorant waren wir dafür, »dass sich unser Leben innerhalb weniger Tage vollständig ändern kann.« Auch das zeigt dieses Jahr: Wie sehr wir unserer Normalität vertrauen und wie absurd dieses Vertrauen plötzlich wirkt, wenn dann innerhalb weniger Tage die Abnormalität einbricht. Wir haben uns anzupassen, erst an den ersten Lockdown, an das Gefühl der elementaren Bedrohung. Dann kehrt Normalität zurück und wir vergessen diese Erfahrung wieder. Daraufhin kommt der nächste Lockdown, und wir haben kaum mehr eine Erinnerung an die relative Unbeschwertheit des Sommers. Es fällt uns schwer, das ganze Jahr in unsere Erinnerungen zu integrieren, besonders unsere Emotionen, die Achterbahn fuhren. »Nichts wird hastig, hektisch, ängstlich getan. Es fühlte sich nach Befreiung an, die Freiheit von der Gegenwärtigkeit war beinahe magisch«, schreibt John Wiltshire im *Journal of Bioethical Inquiry*. Ich erinnere mich noch daran, wie ich im Frühjahr mit dem Zug fuhr und mir auf der Toilette die Hände wusch und desinfizierte, nur um mich dann zu fragen, wie ich denn jetzt aus dem Klo käme, ohne die Klinke zu berühren. Nach zwölf Monaten Pandemie erscheint das längst absurd, weil wir uns natürlich eine gewisse Lässigkeit angewöhnt haben.

Erinnern wir uns noch, wie das war? Erinnern wir uns noch, als alle mit den Hamsterkäufen begannen? Man ging in den Supermarkt, hortete Vorräte für drei Wochen, obwohl wahrscheinlich nur die wenigsten wirklich einen Nachschubmangel befürchteten. Das Hamstern hat eine sozialpsychologische Dimension. Wenn man sowieso nichts tun kann und über die Geschehnisse keine Kontrolle hat, dann fühlt sich das Hamstern wie eine Tat an, eine sinnvolle Handlung, mangels anderer sinnvoller Planungshandlungen. So wie es für den Kranken wichtig ist, dass der Arzt, selbst wenn er keinen blassen Schimmer hat, wenigstens irgendeine Handlung setzt, so ist es für uns andere wichtig, die wir uns plötzlich einer »Situation« ausgeliefert sehen, wenigstens irgendetwas zu tun. Es spielt gar keine Rolle, ob das sinnvoll ist, wir fühlen uns einfach besser, wenn wir etwas kaufen. Wir lachten darüber, dass gerade Toilettenpapier im Zentrum der Hamsteraktivitäten stand. Und warum überall auf dem Globus? Man kann sich das ja noch erklären, in regionalen Kommunikationsräumen, also etwa im deutschsprachigen Raum, dass Berichterstattung über Klopapierkäufe wiederum noch mehr Klopapierkäufe triggert. Aber die Covid-19-Pandemie war überall, von Korea bis Hongkong, von Berlin über Wien bis New York und Neuseeland mit Klopapierkäufen verbunden. The 2020 Toilet Paper Crisis. Fast schon vergessen. Vielleicht weil sich Klopapier nicht so leicht substituieren lässt wie Pastasauce? »Die sollen nicht so ein Drama machen, ich hatte im Krieg auch nur Zeitungspapier«, sagt meine Mutter, die die Klopapierpanik nicht versteht.

Beinahe masochistische Dynamiken von Schmerz und Genuss wechseln einander ab, Lockdown, Lockerung, Lockdown, das erinnert frappierend an die katholische Abfolge von Sünde und Buße. Wir sündigen, indem wir über die Stränge schlagen, und büßen dann mit neuen Lockdowns.

EINSAMKEIT

Eigentlich war es eine jener Episoden, wie man sie als Twentysomething in Berlin der frühen neunziger Jahre fast täglich erlebte: Man saß in der Kneipe, hatte vor sich ein Whiskyglas und sprach mit einem Bekannten über das Leben. Gespräche, die man üblicherweise sofort wieder vergaß. Aber ich erinnere mich noch genau, wie mein Gegenüber seinen Blick schweifen ließ, über die Tischrunden, die Mädchen und die Jungs, zum Tresen, wo die Trinker standen und flüchtige Gespräche begannen und wieder beendeten. Worauf er so etwas sagte wie: »Vor nichts haben die Menschen so eine Panik wie vor der Einsamkeit. Nichts steckt ihnen tiefer in den Knochen als die Angst vor Einsamkeit.«

Die Einsamkeit ist ein seltsames Ding, aber seit einiger Zeit ist sie in aller Munde, und im Jahr der Ansteckung ist sie sowieso das große Thema geworden.

»Ohne alle«, titelte die *Süddeutsche* noch vor zwei Jahren und hielt eher ein Plädoyer für das Alleinsein, das Wiener *profil* widmete dem »Lebensgefühl unserer Zeit« Titelgeschichten.

Es ist etwas Seltsames mit der Einsamkeit. Zunächst ist sie etwas gänzlich anderes als das Alleinsein. »›Einsam‹ hat eine emotionale Dimension, der ›allein‹ nicht bedarf«, formuliert der norwegische Philosoph Lars Svendsen, der ein ganzes kluges Buch über die »Philosophie der Einsamkeit« geschrieben hat. Einsam ist, wer weniger soziale Beziehungen hat, als er gerne hätte – und der darunter leidet. Man kann auch in Gesellschaft einsam sein und von dem Gefühl der Einsamkeit gequält sein – und man kann umgekehrt alleine sein und das als bereichernden Zustand erleben. Das eine hat mit dem anderen nicht so viel zu tun. Übrigens ist der Begriff »einsam« schon interessant. Etymologisch ist er ein komischer Zwitter aus »eins« und »gemeinsam«. Man ist mit Eins zusammen, also mit sich.

Ist die Einsamkeit etwas, was heute auch unsere »normale Normalität« prägt und nicht erst die »neue Normalität«? Gewiss, es ist viel von der Individualisierung, von Singlewelten und dem Verlust traditioneller Gemeinschaften die Rede, berühmt ist auch die große Studie des amerikanischen Sozialwissenschaftlers Robert D. Putnam mit dem Titel »Bowling Alone«, aber statistische Daten, die eine Zunahme krank machender Einsamkeit nahelegen, sind eher rar. Sehr stark geplagt von Einsamkeit sind in den verschiedensten Ländern, die darüber Daten aufweisen, zwischen ein und zwei Prozent der Bevölkerung, stark geplagt rund drei bis fünf Prozent. Diese Anteile scheinen in den letzten dreißig Jahren eher stabil geblieben zu sein. Das würde bedeuten, dass rund fünf bis sieben Prozent der Bevölkerung Einsamkeit als chronische Belastung erleben. Schlimm genug. Aber noch keine Epidemie.

Der deutsche Sozialforscher Janosch Schobin forscht über Einsamkeit, Freundschaft und soziale Beziehungen und weiß, dass das Ergebnis solcher Untersuchungen stark davon abhängt, wie man fragt. In solchen Surveys, so Schobin, erkennt man, »dass sehr kleine Veränderungen im Fragelaut, aber auch in der Fragetechnik zu unglaublich großen Unterschieden führen.« Fragt man tausend Menschen in direkten Interviews, sind nicht sehr viele einsam. Nähert man sich ihnen in Online-Umfragen, sind es sehr viel mehr. Das kann daran liegen, dass man im direkten Gespräch nicht sehr gerne zugibt, einsam zu sein. Die Ursache könnte aber auch sein, dass man in der Online-Situation die eigene Einsamkeit drastischer erlebt als in einem Gesprächsmoment - auch wenn einem gerade nur ein Wissenschaftler gegenüber sitzt, mit dem einen nichts verbindet. Man weiß das nicht so genau.

Es gibt, was die Einsamkeitsdiagnose betrifft, die Klassiker: Rentner oder Rentnerinnen, die verwitwet sind und auch noch immobil und nur mehr auf die tägliche Essen-auf-Rädern-Lieferung warten und auf den zweiwöchentlichen Besuch der Enkel, sind einsam. Neuerdings das signifikante Wachstum von Singlehaushalten. Auch das selbst gewählte Alleinsein, das nicht immer Einsamkeit bedeutet, kann in Phasen der Einsamkeit umschlagen. Karrieremuster sind heute oft beziehungsfeindlich. Häufige Wohnortswechsel können den Aufbau stabiler Freundschaftsnetze erschweren oder gar verunmöglichen. Neue Arbeitsformen verbreiten sich, in denen echte Kollegialität kaum mehr entsteht. Vereinzelung wird so gesehen mit Recht als neoliberales Phänomen beschrieben.

All das verschärfte sich nun wie unter einem Brennglas. Wer sich bisher vielleicht nach Arbeit im Homeoffice gesehnt haben mag, merkte nach acht Monaten, was fehlt, wenn der informelle Tratsch in der Kaffeeküche ausfällt. Nicht nur sozial leiden wir, sogar die Kreativität geht verloren. Wie viele Ideen werden nur deshalb geboren, weil man zusammenhockt, ungeplant auf einen Gedanken kommt, den weiterspinnt, von anderen inspiriert wird. Studierende saßen vor dem Computer, wurden depressiv, schmissen ihr Studium, weil genau das fehlte, was das universitäre Leben eigentlich attraktiv macht: der soziale Umgang mit den Gleichaltrigen. »Es ist nicht bloß das Alleinsein«, schreibt John Wiltshire. »Es ist auch die Welt außerhalb des Alleinseins«, die uns bedrückt, die deprimierenden Nachrichten. Wir sind alleine und werden mit negativen Eindrücken überflutet. Videokontakte helfen hier nicht viel. Wiltshire: »In ›Zoom‹ teilen wir nur unsere Einsamkeit«, wir sind gemeinsam einsam.

Wer wirklich chronisch einsam ist, der kann im Extremfall krank werden. Einsamkeit untergräbt das Immunsystem und chronische Einsamkeit ist Stress, führt zu Herz-Kreislauf-Erkrankungen. »Chronischer Stress geht mit dem Erleben einher, den Dingen beziehungsweise der Umgebung gegenüber ausgeliefert zu sein und keine Kontrolle über das eigene Schicksal zu haben«, schreibt Manfred Spitzer in seinem Buch »Einsamkeit. Die unerkannte Krankheit«. Wer also einsam ist, erlebt widrige Situationen nicht nur als Widrigkeit, sondern schneller als ausweglos. Einsamkeit droht »das gesamte Dasein zu unterminieren«, formuliert drastisch der Philosoph Svendsen.

Hinzu kommen dann noch Details: Die Social Media, die nachgewiesenermaßen einsamer machen, je mehr Zeit man in ihnen verbringt. Womöglich führen sie zudem auch dazu, dass man Einsamkeit noch einmal drückender empfindet. Wenn man sich gerade nicht so gut und ungeliebt fühlt, ist es eine Pest, den Instagram-Account zu öffnen. Alle sind hier glücklich und verbringen tolle Zeit mit ihren Liebsten. Und auch wenn uns digitale Tools die Möglichkeit geben, in der Selbstisolation mit anderen in Kontakt zu bleiben, dann machte dies die Beziehungen geradezu buchstäblich flach. Wir kommunizieren nicht mit Körpern, sondern mit Menschen auf dem Flachbildschirm. Eine eigentümliche Körperlosigkeit, die diesem Jahr ihr Gepräge gibt. Man kann keinen Computerbildschirm umarmen oder küssen.

DER AUTORITÄRE MASSNAHMENSTAAT

Auch richtige Entscheidungen können auf falsche Weise zustande kommen. Ist Gefahr in Verzug, schlägt die Stunde der Exekutive, das Gewicht selbst im demokratischsten Institutionengeflecht verschiebt sich in Richtung der Regierungen. Das ist die Stunde der Politiker mit autoritären Neigungen. Auch die Art, wie die Staatsführung mit den Bürgerinnen und Bürgern kommuniziert, kann zu einer demokratischen Zumutung werden, etwa wenn die Menschen wie schwer erziehbare Kleinkinder behandelt werden, wenn sich ein paternalistischer Ton einschleicht.

Was das über längere Sicht anrichten kann, wird uns in diesen Monaten vor Augen geführt. Regierende reden mit Bürgerinnen und Bürgern, als wären diese Unmündige. Sie loben, erklären uns, dass sie stolz auf uns sind, weil wir so brav sind. Wenn wir schlimm sind, dann schimpfen sie mit uns. Damit wird ein Unwille produziert, der sich direkt in neue Infektionen übersetzt. Vielleicht wäre es besser, mit Bürgerinnen und Bürgern wie mit intelligenten Lebewesen zu sprechen und nicht im Stil strenger Kindergartenpädagogik der fünfziger Jahre. Politiker haben Maßnahmen zu verkünden, aber es erwies sich, dass die Regierungskunst darin besteht, dies auf eine Weise zu tun, als würde man diese Maßnahmen mit den Bürgern besprechen, aber das ist tatsächlich eine hohe Kunst.

Verordnungen werden erlassen, bei denen auf den Buchstaben des Gesetzes nicht genau geachtet wird, schließlich geht es doch um einen Notfall, wer werde sich da um »juristische Spitzfindigkeiten« scheren, wie der österreichische Bundeskanzler in unnachahmlicher Patzigkeit formulierte. Gesetzliche Regelungen werden im Schnelldurchgang durch die Parlamente gepeitscht, schließlich ist Gefahr in Verzug und da müssen die Volksvertreter still sein und nur das Händchen heben, damit dem Buchstaben der Verfahrensordnung zwar genüge getan ist, aber für den Geist der Demokratie hat man dann natürlich keine Zeit. »Demokratie in Quarantäne«, nennt das die Staatsrechtlerin Tamara Ehs. Doppelte Vorsicht ist hier angebracht. »Zu groß ist nämlich die Gefahr der Gewöhnung an den autoritären Maßnahmenstaat.«

Dabei herrscht schon im Normalbetrieb des demokratischen Rechtsstaates ein nie ganz auflösbares Spannungsverhältnis zwischen individueller Freiheit und bindender gesellschaftlicher Ordnung, darauf hat der legendäre Vater der österreichischen Verfassung, Hans Kelsen, immer hingewiesen, etwa in »Vom Wert und Wesen der Demokratie«. Der freie Bürger solle, so ist der Anspruch, nur einem untertan sein, nämlich seinem eigenen Willen. Dieser Freiheitsgedanke, so Kelsen, entspringt einem »staatsfeindlichen Urinstinkt, der das Individuum gegen die Gesellschaft stellt.« Gedankenspiele versuchen diese Spannung aufzulösen. Etwa das Gedankenspiel vom Gesellschaftsvertrag, den wir aus freien Stücken schließen, und vom Konsens, der im demokratischen Verfahren hergestellt würde.

Das Problem freilich: Wir werden alle in Staaten hineingeboren, schließen also mit niemandem in freier Entscheidung einen Gesellschaftsvertrag, und Einhelligkeit ist für das »praktische Staatsleben … indiskutabel« (Kelsen). »Hier zeigt sich deutlich der unlösbare Konflikt, in dem die Idee der individuellen Freiheit zur Idee einer sozialen Ordnung steht.« Die Gesetze beherrschen die Untertanen, so unser Eindruck, aber genau diese Vorstellungswelt ist schon die Sackgasse, in der der Untertanengeist weht. Nicht primär die Normunterworfenen unterstehen im demokratischen Rechtsstaat dem Gesetz, sondern die Staatsorgane.

ZUSAMMEN IN EINER PLÖTZLICHEN SELTSAMKEIT

Ich sitze in einer der wenigen »echten« Besprechungen, die es noch gibt, wir sind zu viert in einem kleinen Sitzungszimmer. Die Kollegin zückt ihr Handy, checkt ihre Mails, eine entfernte Bekannte hat geschrieben. »Oh, Paula schreibt, sie hat Fieber und Symptome und wurde gestern positiv getestet.« Ich blicke sie an und sage betont lässig: »Schön, dass sie das dir schreibt – ich war am Mittwoch mit ihr Mittag essen.« Langsam wird mir klar: Wir aßen zu sechst. Paula und ich saßen zwanzig Minuten nebeneinander. Wir haben uns nicht nur in großer Runde über den Tisch unterhalten, sondern auch eine Zeit lang ein Zwiegespräch geführt und die Köpfe zusammengesteckt. All das noch outdoor, es war ja gerade Spätsommer. Bin ich jetzt K1, die berühmte Kontaktperson eins, die sofortiger seuchenpolizeilicher Beamtshandlung bedarf? Erst allmählich kommt uns der Gedanke, dass wir diese Besprechung jetzt nicht einfach fortsetzen können. Erst allmählich kommt den drei Kolleginnen um mich der Gedanke, dass ich jetzt eigentlich eine Gefahr für sie bin. Dass wir aus diesem Zimmerchen raus sollten. Siehe da. Niemand hat sich unrecht verhalten, aber plötzlich erscheint Paula als irgendwie verantwortungslos und ich als irgendwie gefährlich. So wenig braucht es für ein wenig Stigma. Mein Handy läutet. Paula ruft aufgelöst an, dass sie auf unser Mittagessen völlig vergessen habe. Sie hat beim Contact Tracing zwanzig Kontakte angegeben, aber an diesen einen Lunch nicht gedacht. Kein Drama, kann passieren. Alle anderen, die sie in dieser Woche getroffen hat, sind mittlerweile negativ getestet.

Erst langsam wird auch klar, dass jetzt eine Art von Mechanismus einsetzt. Ich muss getestet werden. Bis dahin muss ich mich eigentlich quarantänisieren. Eigentlich heißt: Eigentlich muss ich nicht, da wir uns nicht dreißig Minuten in einem Abstand von unter eineinhalb Metern unterhalten haben, sondern wahrscheinlich erheblich kürzer. Aber wer hat da schon eine Stoppuhr dabei? Dass es für solche Fälle Gesetze und Verordnungen gibt, die völlig unabhängig von meiner persönlichen Risikoabschätzung sind, begreife ich jetzt erst besser: dass mich das für zehn Tage aus meiner Arbeit reißen kann, dass es alle, die ich seither traf, für zehn Tage aus ihrer Arbeit reißen kann, dass diese Kette ganze Institutionen lahmlegen kann. Dass wir in solchen Fällen in eine große Mühle geraten, auch dann, wenn wir nicht infiziert sind und wenn wir gesund bleiben. Ich wusste das natürlich alles, aber diese Kette wurde mir erst bewusst, als es mich erstmals selbst traf, nämlich: dass wir nicht nur gut daran tun, einer Infektion zu entgehen, sondern vermeiden sollten, in diese Anti-Seuchen-Mühle zu geraten. Diese Erfahrung zeigte mir auch erst, wie wichtig es ist, möglichst schnell ein Testergebnis zu erhalten. Schließlich möchte ich ja alle Menschen, denen ich seither begegnet bin, warnen, sollte ich mich infiziert haben. Ich hörte und fühlte in mich hinein, auf der Suche nach Symptomen.

»Negativ«, lese ich sechsunddreißig Stunden später in meinem Posteingang.

In den USA haben Lyriker bereits einen Gedichtband fertiggestellt, quasi pandemische Verse, die von diesen neuen Eigentümlichkeiten handeln. »Together in a Sudden Strangeness« heißt er. Wir stecken alle drin, zusammen in dieser plötzlichen Seltsamkeit, in der wir uns distant und zärtlich zugleich begegnen. Buchstäbliches Still-Leben.

Bei den flüchtigen Begegnungen werden ernsthaftere Gespräche geführt, auf die Frage »Wie geht's?« wird nicht mehr das übliche, gelogene »Großartig« als Antwort erwartet, die Erkundigung nach dem beruflichen Gedeihen muss nicht mit den Phrasen des Erfolgsmenschen beantwortet werden. Allen geht es irgendwie schlecht, wenngleich es manchen schlechter geht. Eine Frau erzählt mir, dass sie viel mehr Stress hat als früher, weil sie für ihre Kunden den Betrieb aufrechterhalten muss, was jetzt viel mehr Aufwand ist. Während die einen gar nichts zu tun haben, beginnen andere um sieben Uhr morgens am Frühstückstisch die Homeoffice-Aufgaben und klappen um dreiundzwanzig Uhr völlig erschöpft den Laptop zu. Ein Heizungsmechaniker erzählt, noch nie so beschäftigt gewesen zu sein. »Alle sitzen daheim und haben Zeit für Service.« Eine andere Bekannte erzählt von einer jungen Künstlerin, die schon normalerweise sehr jonglieren musste, um einigermaßen über die Runden zu kommen. Als Schauspielerin verdiente sie nie genug Geld, was sie zum Leben brauchte, kratzte sie als Yogalehrerin und als Kellnerin zusammen. Jetzt ist alles drei geschlossen, das Theater, das Yogastudio und die Kneipe. Sie hat nichts. Hubertus Heil, der deutsche Arbeits- und Sozialminister, erzählt, dass ihm der Umgang mit den normalen Leuten abgehe, gerade als Politiker sei man doch darauf angewiesen, bei Gesprächen und Veranstaltungen im Land ein Gefühl für die Stimmung der Menschen zu bekommen, aber nun hocke er jeden Tag im Ministerium herum, habe einen intensiven Arbeitstag, er regiere so vor sich hin, aber die Feedbackschleifen gegenüber den Regierten, die fehlten.

Unsere sozialen Kreise verengen sich, wenn sich die Räume für informelle Begegnungen und Zufallsgespräche auf das Notwendigste reduzieren, und wir merken auch, wie abnorm sich das anfühlt, wenn wir allenfalls nur mehr mit unseresgleichen Kontakt haben. Wir merken: In der berühmten »Bubble« haben wir nie gelebt. Wir leben erst jetzt in einer Blase, die uns von den unterschiedlichen Lebenswelten isoliert. Auch ich merke das, als Buchautor kommt man normalerweise zu Lesungen oder Vorträgen herum, hat Gespräche mit Baggerfahrern im Waldviertel, mit Müllmännern im Innkreis, mit Lehrern in Tirol, vielleicht auch nur mit Menschen, die einem ähnlich sind, aber ihrerseits mit Menschen aus den unterschiedlichsten Ecken im Land verbunden sind. Es fällt einem vielleicht gar nicht auf, aber das ist dann so eine Art tägliche Meinungsumfrage, die einem hilft, ein Gespür für die Welt zu bekommen. Alleine dass all das wegfällt und man nur mehr in seiner eigenen Stadt festsitzt, macht einen schon dümmer und blinder für die Welt. Nach einem Jahr merkt man das.

Viele machten die eigentümliche Beobachtung, wie wichtig gerade die oberflächlichen, informellen Begegnungen mit jenen Leuten sind, die eigentlich nicht zu unseren engen Freunden zählen. »Diese banalen Gespräche mit Kolleginnen und Kollegen im Sozialraum«, erzählt Florian. Oder jene, mit denen man etwas zu besprechen hat und mit denen ich »danach noch fünf Minuten über das Leben quatsche«. Jene, denen man einfach so begegnet und mit denen man ein paar Worte wechselt, Gespräche, die man bisher als belanglos ansah. »Ich vermisse den Austausch jenseits der eigenen Blase.« Zugleich wachse Misstrauen, weil einerseits der soziale Zusammenhalt beschworen wird, man aber dauernd mit Leuten konfrontiert wird, die nur völlig egoistisch an sich denken. Das beginnt bei jenen, »die in den Urlaub fahren und an der Grenze lügen, um sich die Quarantäne zu ersparen« und endet bei jenen Firmen, die jetzt den großen Reibach machen und kein Schlupfloch für Unterstützung auslassen. All das kennt man gewiss auch aus der normalen Normalität, es fällt aber jetzt auf ärgerlichere Weise auf. »Blöderweise habe ich immer das Gefühl, auf der falschen Seite des Verbotsschilds zu stehen. Bist du Single, gehst du lieber in Theater als ins Shoppingcenter, würdest du zwar nach zwanzig Uhr

gerne joggen gehen, aber nicht mit dem Hund
mal raus, weil du keinen hast, dann, wow, dann
bist du der, der einfach Pech gehabt hat.«

Ein Lehrer berichtet: »Ein trauriger Punkt ist
die Einstellung vieler Lehrer. Denn auch unter
ihnen gibt es Corona-Verharmloser bis -Leugner,
manche hängen peinlicherweise sogar Verschwörungstheorien an. Interessanterweise vor allem
die Alten, die ja besonders gefährdet wären. Ich
kann es mir nur durch psychologische Effekte
erklären, sie wollen die Gefahr nicht sehen, der
sie jeden Tag ausgesetzt sind. Viele informieren
sich gar nicht. Der Satz ›Ich höre und schaue keine Nachrichten mehr‹ wurde schon des Öfteren
in unserem Lehrerzimmer ausgesprochen. Dies
führt zur Situation, dass viele Lehrer die Schüler
nicht zum Lüften oder Maskentragen anhalten.
Kollegen, die sich schützen wollen und Maske
tragen, werden im Lehrerzimmer gemobbt und
ausgelacht.«

Wenn der Laden um die Ecke pleitegegangen
sein wird, da, wo wir immer so nett gegrüßt haben, dann wird uns der Laden fehlen, eine Zeit
lang, und wir werden uns einen Augenblick fragen, was wohl aus seinem Betreiber geworden
ist, aber wir werden ihn dann auch schnell wie-

der vergessen. Oder zumindest nicht immer an ihn denken. Viele Menschen werden verschwunden sein. All die, deren Routine aus dem Leben verschwunden ist, die selbst Teil unserer Routine waren. Die, die immer da waren. Einfach so. Nach dem ersten Lockdown im Stammlokal sind zwei Kellner nicht mehr zurückgekehrt. Auch zwei Verschwundene. Unsere Welt wird voller Verschwundener sein.

»Jeder würde dafür sterben, berührt zu werden und menschlichen Kontakt zu haben«, schreibt Bill Hayes. Welche Liebe überlebt in einer Zeit ohne Berührung? Erinnern wir uns noch?, fragt Hayes. Das letzte Mal, als ich einem Fremden die Hand geschüttelt habe. Das letzte Mal, als ich Menschen tanzen gesehen habe. Das letzte Mal, als ich im Fitnessstudio war. Das letzte Mal, als ich an einem Tresen lehnte, nachts in einem Club war. Das letzte Mal, als ich im Kino war. Das letzte Mal, als ich im Theater war. Das letzte Mal, als ich jemanden küsste. Das letzte Mal, als ich mit jemandem geschlafen habe. Das letzte Mal, als ich an einem Joint zog, der kreiste. Das letzte Mal, als ich mit anderen im Aufzug fuhr ohne Angst. Das letzte Mal, als ich mich verliebte.

ABSCHNITT 4
KOSTE ES, WAS ES WOLLE

Die Seuche brachte sofort eine der tiefsten Wirtschaftskrisen mit sich, die die globale Ökonomie je gesehen hatte. Aber es war eine seltsame Krise. Denn sie wurde nicht durch ökonomische Faktoren ausgelöst, etwa einen Zusammenbruch des Finanzsystems oder eine Überhitzung der Konjunktur oder anderes, sondern durch einen externen Faktor, die Pandemie. Faktisch überall auf der Welt haben Regierungen das Wirtschaftsleben weitgehend stillgestellt. Lockdown. Zugesperrt. Und erst in einer zweiten Etappe setzte eine klassische konjunkturelle Krise ein. Diese beiden Etappen waren natürlich nicht völlig voneinander getrennt, sie gingen ineinander über, sie überblendeten sich, blockierten sich auch gegenseitig. Gegen Wirtschaftskrisen helfen Konjunkturprogramme, aber die Stützung der Konjunktur funktioniert natürlich nicht, wenn man danach wieder einen Lockdown verhängt oder die Beschränkungen in einzelnen Branchen aufrechterhält.

Konjunkturbelebung will Menschen aktivieren, Unternehmen sollen Beschäftigte einstellen und investieren, Menschen sollen mehr produzieren, sie sollen auch mehr einkaufen, verreisen, Dienstleistungen konsumieren. Anti-Seuchen-Politik will, dass die Menschen daheimbleiben. Beides konterkariert sich, ein Mittelweg wird dann und wann gesucht, aber er bleibt eine prekäre Balance.

Diese beiden Phasen verlangen auch unterschiedliche Rezepte, hängen aber miteinander zusammen. In Phase eins müssen die Unternehmen einfach an lebenserhaltende Apparate gehängt werden, wie in der Intensivstation. Kurzarbeitsgeld für die Beschäftigten, Umsatzersatz oder zumindest Fixkostenzuschuss für die Unternehmen, Geld zum Überleben für den Unternehmer. Der schlichte Sinn davon: Erstens können die Beschäftigten dann weiter einkaufen, fallen nicht ins Nichts und auch ein totaler Nachfrageschock wird vermieden. Und vor allem: Die meisten Unternehmen sind dann, wenn die Gesundheitskrise überstanden ist, noch da. Denn das beste Konjunkturprogramm wird später nichts helfen, wenn unzählige Unternehmen pleite sind und ihre Beschäftigten arbeitslos. Wer soll die vielen Häuser denn errichten, wenn die Baufirmen bankrott sind? In Phase zwei muss die Wirtschaft angekurbelt werden. So weit sind wir noch lange nicht. Wird das denn zu schaffen sein?, fragten viele sehr bald. Wer wird das denn zahlen? Gehen dann nicht die Staaten bankrott?

In der Hochphase der Pandemie bricht die Konsumnachfrage alleine deshalb ein, weil die Menschen einfach ihr Geld nicht ausgeben. Weil sie nicht ausgehen, weil sie nicht verreisen, weil der Tourismus brachliegt; es reißen auch Lieferketten ab, weil Produktion ausfällt und Logistikunternehmen an geschlossenen Grenzen hängen bleiben. Die Konsumnachfrage ging in den Hochphasen des Infektionsgeschehens um fünfundzwanzig bis dreißig Prozent zurück, und zwar relativ unabhängig davon, ob ein Land einen strengen Lockdown verhängte (wie etwa Dänemark) oder eher lässigere Regeln praktizierte (wie etwa Schweden). Unternehmen investieren logischerweise nicht, fahren ihre Produktionskapazitäten zurück.

Danach: Konzerne streichen Hunderte Arbeitsplätze, schließen Produktionsstandorte. Viele gehen unter. Es droht der Verlust von Tausenden Unternehmen und Massenarbeitslosigkeit, die dann erst recht eine Abwärtsspirale und Dominoeffekte von bisher kaum gekanntem Ausmaß in Gang setzen werden – wenn die Regierungen nicht mutig und entschlossen entgegentreten werden: mit Direkthilfen für Unternehmen (und nicht nur mit Stundungen von Steuer- und Sozialversicherungskosten), mit Rekapitalisierung insolventer Unternehmen, mit Verstaatlichungen und massiven öffentlichen Investitionen in Infrastruktur, staatliche Dienstleistungen, Digitalisierung und ökologische Transformation.

Das wird eine ganz andere Ökonomie sein und eine ganz andere Debatte als wir sie in den letzten Jahrzehnten kannten, denn all das wird seine Auswirkungen haben: Das neoliberale Grundparadigma, dass sich der Staat in die Wirtschaft nicht einmischen solle, wird endgültig auf der Giftmülldeponie der Ideologiegeschichte endgelagert. Letztendlich ist dieses Postulat schon in der Finanzkrise schwer ins Wanken geraten. Erstens weil deregulierte Finanzmärkte, weit davon entfernt, für eine »effiziente Allokation« des Kapitals zu sorgen, den globalen Kapitalismus an den Rand des Kollaps gebracht hatten, zweitens weil die Finanzinstitutionen von den Staaten gerettet werden mussten, drittens weil überall mit

Konjunkturprogrammen, mit staatlich finanzierter Kurzarbeit und anderen Maßnahmen die Wirtschaft wieder angekurbelt werden musste. Aber es war kein vollständiger Untergang der wirtschaftsliberalen Irrlehre.

So leben wir seit zehn Jahren in einer Art Paradigmen-Niemandsland.

Aber blicken wir kurz zurück, um von diesem seltsamen verlorenen Jahrzehnt zu lernen: Insbesondere in Europa gelang es, die Krise, die vom Finanzsektor ihren Ausgang nahm, in eine »Staatsschuldenkrise« umzudeuten. Weil die Staaten hohe Schuldenstände hatten, nachdem sie Banken und Wirtschaft gerettet hatten; weil einige angeschlagene Staaten nur mehr zu Horrorzinsen Kredite bekamen; weil die Architektur der Eurozone für eine solche Krise nicht gerüstet war; und weil deshalb die Konsolidierung der Defizite sehr schnell als eine der Hauptaufgaben erschienen ist. In dieser Operation wurde zuerst einmal versucht, einen hypermoralischen Diskurs zu etablieren (»faule Südländer haben über ihre Verhältnisse gelebt«) und danach mit absurden Theorien die Defizitreduktion als Königsweg zur Gesundung zu verkaufen.

Man erinnere sich nur an die skurrile Theorie,

die der ultradoktrinäre italienische Ökonom Alberto Alesina aufstellte und der damals Deutschlands Finanzminister Wolfgang Schäuble (und mit ihm die gesamte Eurozone) folgte: die Voraussage einer »Expansionary Fiscal Contraction«. Alleine der Begriff (»Schrumpfwachstum«) ist so absurd, dass eigentlich alle laut hätten loslachen müssten. Wenn Staaten ihre Ausgaben einschränken, würde das nicht zu einer Rezession führen, sondern zu einem Boom, war die These. Wie kam man zu dieser absurden Annahme? Wenn Staaten solide wirtschaften würden, dann würden die Unternehmen Vertrauen fassen, sie würden investieren und damit würde das Wachstum steigen. Das ist natürlich vollkommen verrückt, und dennoch wurde es für die EU-Politik bestimmend.

Man muss sich das auf der Zunge zergehen lassen: Wenn der Staat seine Ausgaben zusammenkürzt, wenig in Schulen, in Straßenbau, in Eisenbahnverkehr, in Digitalisierung investiert, dann kostet das ja sehr viele Betriebe zunächst einmal Einnahmen – die, die diese Aufträge bekommen, und jene, bei denen die beauftragten Unternehmen wiederum zukaufen. Jene, die diese Infrastruktur benützen und benötigen (selbst im reichen Deutschland müssen Logistikunternehmen weite Umwege in Kauf nehmen, weil manche Brücken einstürzen würden, wenn schwere Trucks darüberfahren).

Beschäftigte haben weniger Einkommen und damit weniger auszugeben. Werden in so einer Lage Unternehmen mehr investieren? Natürlich nicht. Aber die krause Idee war, dass Unternehmen mehr investieren würden, weil sie mehr Vertrauen in die Tragfähigkeit staatlicher Wirtschaftspolitik haben würden. »Confidence Fairy«, das »Vertrauensmärchen«, hat das Nobelpreisträger Paul Krugman damals genannt.

»Seither hat man nicht mehr viel von der ›Expansionary Fiscal Contraction‹ gehört«, lästert Lord Robert Skidelsky, der legendäre Wirtschaftshistoriker und Keynes-Biograf in seinem Buch »Money and Government« und fügt süffisant hinzu: »Denn wir haben nur die Schrumpfung gekriegt, aber keine Expansion.« In seinem Buch skizziert Skidelsky schon vor der Corona-Krise Kernpunkte einer »neuen makroökonomischen Doktrin«, bei der der Fokus auf dem »Kampf gegen Stagnation« liegen müsse.

Nach der Finanzkrise 2007/08 und der folgenden Rezession wurden die Konjunkturprogramme schnell beendet, ab 2010 wurde eine strenge

Austeritätspolitik verfolgt, die dann die Euro-zone in eine zweite Rezession stürzte. Die Wirtschaftsleistung des Jahres 2006 wurde erst 2015 wieder erreicht. Zwei Rezessionen und zehn Jahre Stagnation – es war eine katastrophale, verlorene Dekade, an deren ökonomischen und politischen Verheerungen wir noch immer und noch lange leiden werden.

Wir sollten ein weiteres solches verlorenes Jahrzehnt mit aller Kraft vermeiden.

Wir können aus diesem Jahrzehnt viel lernen: Weil die Staaten ihre Budgets in Ordnung bringen wollten, stagnierte die Wirtschaft. Um eine Krise in Permanenz zu verhindern, pumpten die Zentralbanken Geld ins Finanzsystem (»Quantitative Easing«) und garantierten letztlich die Staatsschulden aller Euro-Länder, was zumindest die Zinsen auf normales Niveau brachte. Aber die Geldpolitik alleine konnte nur wenig wettmachen: Die stimulierende Wirkung von direkten öffentlichen Investitionen kann durch Geldpolitik nicht ersetzt werden. Die Banken gaben das Geld nicht an investierende Unternehmen weiter, die neue Werte schaffen – und die Unternehmen fragten auch keine Kredite nach, da sie angesichts niedriger Wachstumsaussichten keine großen Renditeerwartungen für Investitionen sahen. Finanzakteure gaben das Geld primär für bereits geschaffene Werte aus: für Immobilien, für Aktien, für andere Wertanlagen, für Kunstwerke. Das blähte die Finanzmärkte auf, führte zu wachsender Ungleichheit und explodierenden Mieten. Wer Vermögen schon besaß, wurde reicher, wer auf Erwerbseinkommen angewiesen war, wurde es nicht, da Löhne und Gehälter stagnieren, wenn es wenig Wirtschaftswachstum und hohe Arbeitslosigkeit gibt. Und da das Wirtschaftswachstum dümpelte, gelang es nicht einmal, den Schuldenstand markant zu reduzieren.

Diese Erfahrungen – und die radikal neuen Umstände nach der Corona-Katastrophe – werden ein völlig neues Paradigma nach sich ziehen müssen. »Change is coming«, »der Wandel kommt«, proklamierte vor ein paar Monaten der *Economist*, nicht gerade als linksradikales Kampfblatt bekannt. In einer Ära von »Free Money« (»Gratisgeld«) werden wir »Staatsausgaben ohne Begrenzung« erleben. Wohlgemerkt: Der *Economist*, quasi Zentralorgan der ökonomisch herrschenden Klassen, begrüßt das sogar.

»Es war notwendig, schnell zu handeln und auch mit einem großen Paket gegen die Krise vorzugehen, denn sonst verlieren alle an Vertrauen und dann herrscht schnell Panik«, beschreibt der deutsche Vizekanzler und Finanzminister Olaf Scholz die ersten Tage der Corona-Notmaßnahmen. Er und sein Team sind heute die Drehscheibe in Europa, wenn es darum geht, dieses neue ökonomische Paradigma für die Post-Corona-Ära zu formulieren. Wir haben uns im Frühsommer 2020 darüber unterhalten, wie man aus dieser Krise herausfinden kann. »Wenn die Lage so ist, darf man sich da nicht reintasten. Massives Vorgehen war ganz zentral.« Heißt das eigentlich, die Austeritätspolitik nach der Finanzkrise 2010, als gerade Deutschland auf Sparpolitik in den EU-Partnerländern drängte, war falsch?, frage ich. Olaf Scholz ist als vorsichtiger Formulierer bekannt, da ist das für seine Verhältnisse schon deutlich, wenn er sagt: »Ich glaube, dass es nicht nötig war, so vorzugehen. Es wurde auch viel zu moralisch argumentiert, weil in der deutschen Sprache Schuld und Schulden das gleiche Wort sind. Das ist einer der Gründe, warum wir manchmal auf eine bestimmte Weise auftreten. Wenn wir jetzt eine Billion zur Stabilisierung der EU auflegen, geht das nicht ohne eine bessere Union. Man kann nicht so tun, als wären wir siebenundzwanzig komplett unverbundene Staaten. Der politische Preis dafür ist weiteres Zusammenwachsen der europäischen Staaten.«

Scholz weiter: »Wir haben nur deshalb eine Chance, gut durch diese Krise zu kommen, weil wir einen intakten Sozialstaat haben, der seine Stabilisierungsfunktion wahrnimmt. Aber wir müssen aus dieser Krise lernen, dass jetzt ein Zeitalter der Solidarität gefragt ist. Wie sehr wir als Menschen miteinander verbunden sind, haben wir an vielen Beispielen erlebt. Wir müssen uns für die guten Perspektiven eines jeden und jeder in unserer Gesellschaft alle zusammen verantwortlich fühlen. Wie es dem anderen geht, das muss unser gemeinsames Thema sein, das ist nicht nur das Problem dessen, der es hat. Es ist immer auch unseres! Das sollten alle einsehen, die das bisher anders empfunden haben. Ich hoffe, dass auch jemand, der bisher vielleicht wirtschaftsliberal dachte, dass er eh zu viel Steuern zahlt, jetzt auch merkt, dass ihm ein Staat nützt, der handlungsfähig ist und ihm jetzt sein Unternehmen rettet; und akzeptiert, dass sich Solidarität auch im Steuersystem niederschlagen muss, damit das finanziert werden kann. Wir wollen auch, dass jeder sein Leben so führen kann, wie er will, und das fängt damit an, dass die Löhne nicht so gering sein können, wie sie gelegentlich sind. Jetzt feiern alle die Arbeit von Pflegekräften und Leuten im Einzelhandel und sagen, dass das die Helden des Corona-Alltags sind. Aber vergessen wir dabei nicht, welche Löhne denen schon immer gezahlt werden. Das muss man ändern, und da müssen wir auch bereit sein, die Konsequenzen zu tragen, die das für uns hat, als Verbraucher, das heißt dann auch höhere Preise. Das muss ein solidarischer Staat als sein Thema entdecken … Es wäre völlig falsch, darüber hinwegzugehen oder das zu ignorieren. Als jemand, der früher als Arbeitsrechtsanwalt arbeitete, habe ich schon immer mitgekriegt, was sich da einschleicht, wachsender Lohndruck, prekäre Arbeitsverhältnisse. Ich bin da wirklich berührt und angefasst, wenn jemand sagt, an mich denkt ja niemand in der Politik. Dieser Eindruck darf einfach nicht entstehen.«

Jens Südekum, dreiundvierzig, ist einer der führenden Ökonomen Deutschlands. Er sitzt offiziell im Beraterboard des Wirtschaftsministers, findet im Finanzministerium Olaf Scholz' stets ein offenes Ohr. Der Volkswirtschaftsprofessor an der Universität Düsseldorf gilt als »der Ökonom der Mächtigen«. (*Frankfurter Allgemeine Sonntagszeitung*) Jetzt warnt er davor, über die Rückzahlung der Krisenkosten auch nur nachzudenken. Sparpakte wären in den nächsten Jahren Gift. »Wir können ja nicht zugleich auf das Gas und auf die Bremse steigen.« Und die Staatsschulden, die die Regierungen jetzt machen, seien sowieso nicht tragisch. »Staaten zahlen ihre Schulden fast nie zurück.« Die allermeisten Bürger haben völlig falsche Vorstellungen von Staatsschulden, wegen »der Analogie zwischen Staaten und normalen Haushalten« (Südekum) und der daraus folgenden Annahme, dass man Schulden, die man auftürmt, irgendwann auch zurückzahlen muss. Aber Staaten funktionieren eben ganz anders als private Haushalte. Staaten zahlen ihre Schulden praktisch nie zurück, sie werden einfach stehen gelassen, werden aber wegen des durch die Investitionen generierten Wachstums einfach weniger drückend. Wenn wir im Wirtschaftsteil lesen, in einem Land seien die Staatsschulden von neunzig auf sechzig Prozent der Wirtschaftsleistung gesunken, dann wurde meist kein Cent zurückgezahlt. Es ist einfach die Wirtschaftsleistung gestiegen. »Die relevante Frage dieser Tage ist nicht ›wie viel kann sich der Staat (noch) leisten?‹, denn das ist praktisch fast unbegrenzt, sondern ›was konkret soll er leisten?‹«, sagt Südekum.

Simpel gesagt: Ob der Staat fünfundachtzig oder hundertzehn Prozent Schulden im Vergleich zum BIP hat, werden wir nicht spüren. Aber wenn Unternehmen, Produktion und Arbeitsplätze verloren gehen, dann werden wir jedes Prozent spüren.

Der Reichtum einer Volkswirtschaft sind die Unternehmen, die nützliche Güter herstellen und neue erfinden, er besteht in der Infrastruktur, die den Menschen ein gutes Leben sichert – von Schulen bis zur Verkehrsinfrastruktur, dem Breitbandinternet, dem Abwassersystem, gut geheizten Wohnungen –, und in gut ausgebildeten Menschen, die aus ihrem Leben etwas machen können, ihre Fertigkeiten verbessern, ordentliche Einkommen verdienen und sich auch als respektiert fühlen, mit dem Gemeinwesen verwoben und einen sicheren Boden unter den Füßen haben. Die Höhe des Staatsdefizites oder der Schuldenstand ist dagegen eher irrelevant – letztlich ist sogar egal, ob man ein paar Nullen vergisst.

Wer deshalb vor Inflation und explodierenden Staatsschulden warnt, so formulierte schon vor fast hundert Jahren John Maynard Keynes, der ist mit »einem Arzt vergleichbar, der einem Verhungernden von den Gefahren der Fettleibigkeit predigt«. Mit Sicherheit ist die Gefahr, dass in den nächsten Monaten Tausende Unternehmen pleite- und Hunderttausende Arbeitsplätze verloren gehen, eine viel größere Bedrohung als die Finanzierung der Krisenkosten in den nächsten Jahren.

Denn die Geldpolitik, mit der sich die Zentralbanken gegen die Stagnation stemmten, hat zu historisch niedrigen Zinsen geführt – und die werden so bald nicht steigen. Denn Zinsen steigen erst, wenn es Kreditnachfrage gibt (und woher soll die kommen, wenn Unternehmen nicht investieren und die Arbeitslosigkeit hoch ist?). Damit können sich aber Regierungen quasi zum Nulltarif verschulden und das Geld als Investitionen und Konjunkturpakete in die Wirtschaft pumpen. Wenn Wirtschaftswachstum und Steuereinnahmen dadurch nur ein wenig steigen, bezahlen sich die Zinsen quasi selbst – und nur das zählt.

Es ist schließlich der Staat, der das Geld emittiert. Er kann ausgeben, so viel er will. Die Zentralbanken können das Geld mit einem Buchungsvorgang – quasi einem Computerklick – schaffen. Inflation droht nur, wenn die Geldmenge schneller wächst als die Produktionskapazitäten. Diese Gefahr gibt es aber nur in einem absoluten Boom mit Vollbeschäftigung, wenn auch die Löhne plötzlich durch die Decke gehen. Ein »Problem«, von dem wir seit Jahrzehnten eher weit entfernt sind. Eine neue, linke theoretische Schule der Makroökonomie hat diese These in den vergangenen Jahren radikalisiert, die Schule der »Modern Monetary Theory« (MMT). Stephanie Kelton, Frontfrau dieser Theorie, sitzt derweil im Beraterstab von Joe Biden, steht mit ihrem neuen Buch »The Deficit Myth« auf der *New York Times* Bestsellerliste und rangiert in diversen Rankings – von Forbes bis Bloomberg – unter den fünfzig einflussreichsten Köpfen unserer Zeit. Die These: Staaten, die via Zentralbanken ihr eigenes Geld emittieren, können ausgeben, so viel sie wollen – und die Richtschnur ist, exakt so viel Geld über Staatsausgaben in die Wirtschaft zu pumpen, dass die ökonomischen Kapazitäten maximal genutzt werden und kontinuierlich wachsen. Gibt es Arbeitslosigkeit, ist das Defizit offensichtlich zu niedrig. Kelton: »Die Erhöhung der Defizite macht künftige Generationen nicht ärmer, und ihre Reduzierung macht sie schon gar nicht reicher.« Diese MMT-Theorie wird sicherlich nur von einer Minderheit der Ökonomen geteilt, aber wesentliche Aspekte des Konzepts sickern mehr und mehr in die Diskurse des wirtschaftstheoretischen Mainstreams.

In der Krise sagen selbst schlichteste neoliberale Politiker: »Koste es, was es wolle.«

Damit ist der Neoliberalismus noch nicht endgültig erledigt, klar. Die Staaten spielen plötzlich wieder eine zentrale Rolle im Wirtschaftskreislauf, aber die Investitionsprogramme sind noch immer viel zu bescheiden, um den Konsumeinbruch privater Haushalte und die Einkäufe von Firmen auszugleichen. Und wenn die Talsohle der Krise in zwei Jahren überschritten sein sollte, werden die Defizit-Falken schon wieder aus ihren Löchern kriechen und harte Sparprogramme fordern. Dann wird es darum gehen, die Fehler von 2010 zu vermeiden.

Oder wie Keynes schon vor neunzig Jahren sagte: »Es gibt keine Möglichkeit, ein ausgeglichenes Budget zu schaffen, außer indem man das Nationaleinkommen steigert, was wiederum nichts anderes heißt, als mehr Beschäftigung zu schaffen.« Oder, wie er in seinem so legendären und lapidaren Stil formulierte: »Kümmert euch um die Arbeitslosigkeit, dann kümmern sich die Defizite schon um sich selbst.«

SCHLUSS
LASST DIE PARTY BEGINNEN

»Was ist normal? Wollen wir, dass es wieder so wird wie vor der Pandemie? War das wirklich ›normal‹?«, schreibt Elif Shafak. Wer würde ihr nicht recht geben? Als uns diese Pandemie erwischte, befanden sich viele europäische Gesellschaften, im Grunde aber die meisten Länder der westlichen Welt, die in den vergangenen zweihundert Jahren vergleichbare historische Entwicklungen von Industrieller Revolution, demokratischem Aufbruch, kultureller Moderne und den mit all dem verbundenen Fortschritten hinter sich hatten, in einer Bedeutungs- und Sinnkrise. Es war – nein: es ist – eine eigentümliche Stimmung, die sich über alles gelegt hat. Eine Stimmung von Stockung, von Depression, von dem Gefühl, dass es abwärts geht. Ein unbestimmtes Empfinden einer tiefen Enttäuschung. Rechtsradikale und ultrakonservative Parteien erlebten Aufschwünge, weil sie diese pessimistische Grundstimmung auf ihre Mühlen lenkten.

Das hat ökonomische Ursachen, aber bei Weitem nicht nur. Gewiss ist es ein sozioökonomisch erklärbarer Sachverhalt, dass Gesellschaften dann optimistischer sind, wenn materielle Wohlstandsfortschritte von breiten Bevölkerungsteilen erlebt werden, und dass folglich ein Pessimismus einzieht, wenn dieses Grundgefühl abhandenkommt. Aber das ist nur ein Teil des Bildes. Es gehen in so einem Fall auch intellektuelle Regressionen damit einher, es mangelt an Geist als Leidenschaft, an lebenssprühenden Ideen, es hat dann oft den Anschein, als versänken ganze Gesellschaften in das leere Verstreichen von Zeit.

Das ist nicht einmal so neu, aber dennoch, wenn man es recht besieht, ein seltsames Geschehen, das gar nicht so einfach zu erklären ist – dass sich psychopolitische Grundströmungen über einen ganzen Kontinent oder sogar darüber hinaus verbreiten. Eigentlich erleben wir seit Jahrhunderten dieses Phänomen. Man denke nur an die depressive Enttäuschung nach der Julirevolution in der ersten Hälfte des 19. Jahrhunderts. Dann an die revolutionäre Begeisterung und die Fortschrittsidee im Vormärz. Dann die Depression nach 1848. Was aber sind die Charakteristika unseres Zeitalters und was waren die Wendemomente? War das Jahr 1989 so ein Beginn, in dessen Folge ein postideologischer Pseudo-Pragmatismus und die Verallgemeinerung des Konsumkapitalismus Energien lähmten, während zugleich postmoderne Fragmentierungen auch ihren Teil zur Stockung beitrugen? Der ironische Sound, der nichts mehr ernst nimmt. Wenn alle großen Erzählungen erledigt sind, hat der gewonnen, der am Ende des Kartenspiels mit leeren Händen dasteht. »Wenn die Irrtümer verbraucht sind / Sitzt als letzter Gesellschafter / Uns das Nichts gegenüber«, notierte schon prophetisch der alte Brecht.

Wie auch immer, es gibt immer wieder diese Phasen, in denen ganze Generationen die Erfahrung teilen, zur falschen Zeit am falschen Ort zu sein. Und dass da irgendetwas geschehen möge.

Die Pandemie hat uns aus unseren Routinen gerissen, wirtschaftliche Verheerungen angerichtet, das Verhältnis von Markt und Staat neu sortiert, zugleich sitzen wir unsere Zeit ab, legen viele Aspekte des Lebens still. Ausgehungert und voller Lebensappetit hocken wir im Hausarrest. Wenn diese Krise überwunden ist, werden die Städte pulsieren und vibrieren. Man braucht nicht viel Fantasie, um sich vorzustellen, dass das zunächst einmal ein großer Tanz wird. Party, als gäbe es kein Morgen. Aufräumarbeiten auch in den rauchenden Ruinen.

Vielleicht ist es verwegen, hier Vergleiche mit der Spanischen Grippe zu bemühen. Diese wütete, nachdem schon vier Jahre Weltkrieg Europa verheert hatten, den Menschen ihre Leben geraubt haben – den einen buchstäblich, den anderen in Form von Lebenszeit und Entbehrung. Die Ära selbst war natürlich auf ganz andere Weise mit Fortschrittsgeist erfüllt: die kulturelle Moderne der Jahrhundertwende, rasende Jahrzehnte, der revolutionäre Geist von Kunst und Kultur kreuzten sich mit einem Epochenbruch, in dem es zum Zeitgeist wurde, alte Zöpfe abzuschneiden, überlebte Traditionen und deren Repräsentanten in die Abstellkammer der Geschichte zu deponieren.

Was folgte, war eine vibrierende Dekade: die Goldenen zwanziger Jahre.

In unserer Zeit kreuzen sich zwei psychopolitische Grundgefühle: das Gefühl von Stockung, Stillstand, leerer Zeit und die Lebensgier, die nach überstandener Pandemie zu erwarten ist. Was, wenn sie sich zu einem Aufbruchsgeist amalgamieren würden?

»Geschähe doch einmal etwas. Würden einmal wieder Barrikaden gebaut. Ich wäre der erste, der sich darauf stellte«, schrieb der Dichter Georg Heym 1910 in sein Tagebuch. »Oder sei es auch nur, daß man einen Krieg begänne, er kann ungerecht sein. Dieser Frieden ist so faul ölig ...«

Bertolt Brecht notierte später, »man braucht die große Tabula Rasa, das Beginnergefühl«, und sein Wegbegleiter Bertold Viertel verkündete: »Eine neue, zur blinden Konsequenz entschlossene Generation« trete jetzt an, die Generation, »die den Weltkrieg erlebt hat. Tabula rasa! ... Die Vaterwelt (...) hat abzudanken, zu verschwinden, damit, von der brutalsten Biologie her, ein neuer Aufbau geschehe. Symbol dieses Vorgangs ist der ›Vatermord‹.«

Der Architekt und Bauhaus-Gründer Walter Gropius formulierte zu Beginn der zwanziger Jahre: »Das ist mehr als ein verlorener Krieg ... Wir müssen für unsere Probleme eine radikale Lösung suchen.«

Die zwanziger Jahre waren nicht nur eine Epoche der rasenden Modernisierung, von radikalen kulturellen Experimenten, sondern auch der Entwicklung neuer Lebensstile, der Lebensreform und der Revolte gegen Konventionen. Kino, Tanzhalle, Ballhaus, Mode, Frauenemanzipation, Libertinage, Flugzeug, Automobil. Kunst und Kultur, Literatur und Philosophie und gesellschaftskritische Essayistik verdichteten sich in einen Zeitgeist, der die älteren Spielarten der Moderne zugleich aufgriff und radikalisierte.

Betrieb muss sein, Beschleunigung war ein Leitmotiv der Moderne. Neues wollen. Spiel mit der Welt, Spiel mit Stilen. Mit Baudelaire, einem Mann der Menge, sind wir in diesen Essay gestartet. Flaubert, einer seiner Wegbereiter, schrieb an ihn, »Sie gleichen niemandem (was die erste aller guten Eigenschaften ist).« Das Alte musste dem Neuen Platz machen, auch buchstäblich, die Städte erhielten ein neues Gepräge. Die Kunst verabschiedete sich vom Figuralen und wandte sich, nicht unähnlich der Psychoanalyse, die gerade hip wurde, der Innerlichkeit zu. Impressionistische Bilder waren »Berichte aus dem Inneren«. Was für ein mächtiger Strom: Gustav Mahler und Debussy, Picasso und Braque. »Wir leben im Brennpunkt des Geschehens«, proklamierte Oscar Wilde. Dandytum und Lebensappetit. Die Futuristen mit ihrem Maschinenpathos, André Breton und seine Surrealisten. Guillaume

Apollinaire, Egon Schiele, Max Weber, drei Opfer der Spanischen Grippe. Konstruktivismus und Suprematismus, ein knisterndes Spannungsfeld aus Vernunftglaube, Aufklärung und rationalistischem Pathos und einer Innerlichkeit, die ans Mystisch-Esoterische schrammte, wie Kandinskys Überlegungen »Über das Geistige in der Kunst«, die Rebellion gegen alles Konventionelle, mit Duchamps Readymades bis zu Jackson Pollocks Action Paintings. Das Sperrige, das alles sein wollte, nur nicht gefällig, Proust, Joyce, Kafka, André Gide und Virginia Woolf, die neue radikale Modernität der geometrischen Bauten ohne alle Schnörkel von Frank Llyod Wright über Gropius und das Bauhaus, Ludwig Mies van der Rohe. Kokoschka, die rachitischen Figuren von Giacometti, Benjamin, Adorno, Margarete Schütte-Lihotzky, bis hoch zu Ingeborg Bachmann, Elfriede Jelinek, Bob Dylan, Patti Smith, David Bowie, Roland Barthes, Foucault, den frühen Strukturalismus und Susan Sontag, die über diese Zeit, die dann irgendwann zu Ende ging, sagen würde: »Die Moderne war immer noch eine lebenssprühende Idee.«

Nicht einmal die großen Menschheitskatastrophen haben diesem Zeitgefühl, nämlich dass es bei allen Rückschlägen dennoch grundsätzlich vorangehe, wirklich etwas anhaben können.

Nicht, dass es »die eine Idee« der Moderne gegeben hätte. Die einen waren linke Revolutionäre, wie Brecht und Tucholsky, die anderen konservative Reaktionäre wie T. S. Eliot oder Céline, die einen gingen ins Exil wie Gropius, die anderen warfen sich den Kollaborateuren an den Hals wie Le Corbusier. Die Kunst sah sich im Gleichklang mit Rationalität und Aufklärung, oder sie verwarf gerade das Debattier- und Interpretierbare, um eines intensiven Erlebens willen, proklamierte einen Aufstand des Spürens gegen den Intellekt, die Erotik der Kunst. Mitten drin im Getümmel oder weltabgewandt. Und doch war all das, bei allen Kämpfen und allem Gegeneinander, verbunden zu einer Epoche, die sich mal beschleunigte, dann wieder ins Stocken geriet. Ein stetiger Trommelwirbel der Erneuerung, Entdeckergeist und Beginnergefühl, mit einem spezifischen Zeiterleben, dem die Sozialisten in ihrer besten Zeit die Parole liehen: Vorwärts!

Und jetzt? Auch unsere Ära hat ihre Stilrevolutionen und ihre politischen Rebellionen, ihre Aufbruchsmomente, ihre Subkulturen, die sich nicht selten die Gesten von gestern leihen, sie hat ihre Technikutopien und ihre Emanzipationsbewegungen und ihr Pathos von Kunst. Zugleich hat all das ihr Leiden, ein Leiden an der Kommerzialisierung, dass es für alles, mag es noch so sehr aus Ernst geboren sein, sofort einen Markt gibt, der ihm den Stachel bricht. Épater les bourgeois, damit kann man keinen Bourgeois mehr schrecken, der steht bei der nächsten Kunstmesse schon als Käufer bereit. Sowieso alles schon einmal da gewesen. Diese große Frage, die uns auf Schritt und Tritt begleitet: Wofür das alles? Und vor allem existiert all das fragmentiert, in Nischen, nicht verbunden, weder durch einen Zeitgeist noch durch eine Tiefenströmung an Empfindungen zusammengehalten. Ein Aufbruch muss her, mit einer Erzählung und Vision, die die Teile zusammenhält, ein Aufbruch, der dem postpandemischen Zeitalter sein Gepräge gibt. Die Normalität hat abzudanken.

Dass ausreichend viele Menschen genug haben vom leeren Verstreichen der Zeit, dafür gab es längst schon Hinweise genug, und dass nach einem Jahr der Ansteckung, von empfindlichem Geselligkeitsverlust, körperdistanzierender Interaktion und vorsichtsgeleiteter Vernünftigkeit auch wieder die Gier nach Risiko dazukommen, das ist eine Annahme, die wenigstens nicht völlig unbegründet ist. Wer will denn wirklich die »alte Normalität« zurück?

Also noch einmal: Und jetzt?

Lasst die Party schnell beginnen.

VERWENDETE LITERATUR

Charles Baudelaire: Die Blumen des Bösen. Rowohlt, 2017

Walter Benjamin. Gesammelte Schriften, Band 1.2. Suhrkamp, 1991

Boccaccio: Das Dekameron. Anaconda, 2013

Albert Camus: Die Pest. Rowohlt, 1998

Daniel Defoe: Die Pest zu London. BoD, 2018

Tamara Ehs: Krisendemokratie. Sieben Lektionen aus der Coronakrise. Mandelbaum, 2020

Friedrich Engels: Zur Wohnungsfrage. In Marx-Engels-Werke, Band 18. Berlin 1973

Michel Foucault: Schriften Band 1–4. Suhrkamp, 2001

Michel Foucault: Geschichte der Gouvernmentalität. Sicherheit, Territorium, Bevölkerung. Suhrkamp 2004

Peter Gay: Die Moderne. Eine Geschichte des Aufbruchs. Fischer, 2008

Paolo Giordano: In Zeiten der Ansteckung, Rowohlt, 2020

Bill Hayes: How We Live Now. Scenes from the Pandemic. Bloomsbury, 2020

Heinrich Heine: Ich rede von der Cholera. Ein Bericht aus Paris von 1832. Hoffmann und Campe, 2020

Florian Illies: Stadt steht still. In Die Zeit, 10. Dezember 2020

Hans Kelsen: Vom Wesen und Wert der Demokratie. Reclam, 2018

Stephanie Kelton: The Deficit Myth. Monetary Theory

and the Birth of the People's Economy. Public Affairs, 2020

John Maynard Keynes: The Essential Keynes. Penguin, 2015

John Maynard Keynes: The General Theory on Employment, Interest and Money. Palgrave MacMillan, 1960

Niklas Luhmann: Die Politik der Gesellschaft. Suhrkamp 2008

Anna Mayr: Die Angreifbaren. In Die Zeit, 26. November 2020

Alfred Polgar: Die kleinen Leute. In Die Weltbühne, Berlin, Januar 1919

Alice Quinn. Together in a Sudden Strangeness. America's Poets Respond to the Pandemic. Knopf 2020

Pierre Rosanvallon: Die Gesellschaft der Gleichen. Suhrkamp, 2017

Elif Shafak: How to Stay Sane in an Age of Division. Profile Books, 2020

Robert Skidelsky: Money and Government. The Past and Future of Economics. Penguin, 2019

Zadie Smith: Betrachtungen. Corona-Essay. Kiepenheuer & Witsch, 2020

Frank M. Snowden: Pandemics and Society. Yale University Press, 2020

Rebecca Solnit: A Paradise Built on Hell. Penguin 2010

Susan Sontag: Krankheit als Metapher. Fischer, 2017

Susan Sontag: Wie wir jetzt leben. Hanser, 2020

Laura Spinney: The Pale Rider. The Spanish Flu 1918 and How it Changed the World. Vintage, 2018

Manfred Spitzer: Einsamkeit. Droemer, 2018

Thomas Stangl: Als hätten wir darauf gewartet. In Die Zeit, 19. November 2020

Lars Svendsen: Philosophie der Einsamkeit. Berlin University Press, 2016